JN041540

恋愛の方程式って東大入試よりムズい

ジェラシーくるみ

はじめに

本気の恋をしてる人はみんな、みっともない。

意中の人と目が合うだけで心臓は躍り出し、バカげた奇跡をひそかに祈り、見えもしない相手の本心を読もうとして空回りします。そして普段なら絶対はねのけるはずのお粗末な扱いも、むごい仕打ちも、心身を捧げて受け入れてしまう。

どんなにかしこい人でも、たとえ何歳になっても、一度恋に落ちてしまうと、私たちはこの「客観の不在」には抗えないのです。


数学や英語や国語なら、方程式や構文や過去問の傾向を応用することで、見たことない問題にも対応できるでしょう。でも、恋愛はそう簡単にはいきません。絶対的な正しさも正解もないから、みんなもがき悩んで苦しむ。

私も、恋愛とそこから派生するすべてのトラブルに、よくさいなまれ、よく絶望してきました。食べて寝るという日常生活を送ることさえ怪しくなって、私のやつれた顔を見た友人に「ちょっと……スポンジみたいだよ」と本気で心配されたこともあります。

海綿動物にたとえられたのは、あとにも先にもあのときだけ。

私のSNSに来る相談DMは、ほとんどが女性からのもので、片想い、セフレ、束縛、浮気、結婚、不倫、復縁などテーマはさまざま。悩み疲れた彼女たちに、今私が届けられるいちばん価値のありそうなものは、共感でも説教でもなく、恋の炎の黒煙が立ち上るような「**実戦**」で使える、**実践**的な対策法だと考えました。

それぞれの根深い問題に対して解説を加えて、問題の構造と思考法のフレームワーク、ついでに喝も入れ込んだこの本を、「恋する女の生存戦略」として、愛すべき〝みっともない仲間〟たちに捧げたいと思います。

そしてもうひとつ欲張るなら、女性の人権を主張したフランス革命期から数百年がたち、ようやく女性にも人権と人格が認められつつある今この時代に、「男性の補助的存在」でもなく「誰かのお母さん」でもなく「私」としての人生をどう生きていくかについて、みなさんが考えるきっかけになればと願っています。

目次

第2限 もう惚れた私の負けでいいから試合終了の笛だけ鳴らして

第3限　「この人しかいない」を繰り返して熟れていくウチら

第4限　みんな人生1回目。いつだって仕切り直してやるよ

※本の中では、わかりやすく異性愛を例に書いていますが、それに限った本ではありません

第1限

JKでもないのに返信遅いだけで不安になるの脳みそのバグ？

恋を始めるの。狂う準備はできているか

恋は人を狂わせる。

20歳手前の時期、私も相当おかしくなっていました。

恋をして、彼の言葉ひとつひとつが宝物みたいにきらきら光って、彼からくだされる自分への評価にいちいち心を躍らせ、曇らせ、生活のすべてが彼を中心に回っていたあのころ。

彼には魅力も才能もありましたが、**人のことを思いやる気持ちや生活を営む能力が欠如**していました。

次第に私は、彼の生活や学業を支えるために奔走するように。

自分の友人を巻き込み、彼の担当教授に頭を下げ、彼が夜中にメンタルを崩したら親に嘘をついてタクシーに飛び乗りました。

変わらない彼にもおかしくなってしまった自分にも嫌気がさし、自分から別れを告げたあとでさえ、どうしても彼から離れられませんでした。

私以外に頼る人がいなかったのか、彼からのSOSはやまず、また元の関係に。もっと私に執着してくれたら、彼の嫉妬をあおることができたら変わってくれるかもと思い、女友だちをカフェのトイレに呼び出し、キスマークをつけてほしいと頼み込んだこともあります。

「いや、他人がつけたキスマークって、本当に気持ち悪いからやめときな」と、あのとき一蹴してくれた親友Yちゃんに感謝。

一日に何百回と彼のSNSのホームを更新していたので、私は約半年間まともに授業も受けられませんでした。

なんとか離れようと、ほかの男性と食事に行っても、クラブで踊り明かしても、大好きな本や漫画を読んでいても、2秒後には彼のこと考えてるもんだから。

あのときは、**かなり頭わいてたな〜**と思います。

そのクソみたいな狂騒からどうやって抜け出したのか。

ひとつだけわかっていることは、**「足を動かした」**こと。

時間が巻き戻されてひたすら同じ日を繰り返すループものの主人公みたいに、普段やらないことをやってみて、不健全なループから抜け出そうと試行錯誤していました。

都内や海外の未知の場所に足を運んで、今まで交わることのなかった新人類みたいな人たちに出会い、一日何時間も新しい音楽を聴きあさり、小さな無茶をたくさんして。そんな泥臭い暗黒期を経て、気が付くと、私は新しい人に恋をしていました。

今振り返ってみると、当時の私は必死にもがく過程で**「心の遠近法」**を身につけたんじゃないかと思います。

たとえば、禍々《まがまが》しくそびえ立つ山だけがキャンバスの真ん中に描かれていれば、「越えられない山を前にした」絶望的な状況だと解釈するでしょう。

ですが、その枠からはみ出すくらいに大きな木の枝を横に描き、反対側に缶ビールを持つ自分の右手を描き足してみれば、「山のふもとで酔っぱらいながらピクニックしている」陽気な絵に変貌するのです。

自分の心を支配してくる絶望や悲しみは「小さくする」のではなく、ほかのことやほかの感情を詰め込むことで**相対的に「小さく見える」ように扱うこと。**

こうして無意識に使っていた心の遠近法により、**「この人しかいない」という催眠術**が解けたのだと思います。

それから2年ほどたって、彼と会う機会がありましたが、ほんの1ミリも心が動かなくて笑ってしまいました。

狂わせてくれてありがとう、いい思い出です。

寂しい夜にワンコールで呼べる男はいるけど
ガチで落ち込んだとき
黙って抱きしめてくれる人はいないみなさん

セフレやソフレなんていう便利な呼び名が生まれるはるか昔から、こういう、ぬるい関係は世の中に存在していたんだろうなと、なんとなく想像がつきます。

出会いはなんだっていい。ナンパでも、サークルや会社の知り合いでも、飲み仲間でも、元カレですらセフレになり得る。無性に寂しい夜や誰かに話を聞いてほしいときに、**スマホと親指一本で呼び合える時代。**文明の利器に感謝。

ある私の後輩くんは、彼氏持ちの女の子が家に押しかけてくるイベントが年に1、2回起きるらしいです。夜10時くらいに、いきなり「今から行っていい？お酒買っていくね」のＬＩＮＥと数十分後にチャイムが鳴って。

話を聴いてあげて抱いたあとには、だいたいの女子はスッキリした顔で帰るか、彼氏と連絡を取り始めるといいます。

「〇〇くん？　昨日はごめんね。今？　家にいるよ〜」と仲直り電話の声を聞きながら、後輩くんは天井を見つめて声を殺しておくらしい。

一度きりしか来ない子もいれば、4、5回来て卒業していく子も。あるときは、「あなたのおかげで、彼氏とけんかしても別れずにここまでこれたよ、ありがとう！」という感謝の言葉とともに婚約指輪の写真が送られてきて、笑ってしまったとか。

女の子の雨宿り場所として定評のある後輩くんだけれど、酔うといつも「イイ女の子なんていない。女なんて信じない」と教えを説くんですよね。傘を貸す側がいちばん傷ついてどうするんだよ。

聞いてほしいことだけ話して、寂しい夜だけ体を重ねて、会いたいときだけ電話して、**どちらかが好きになったら強制終了のゲーム。**

「誰でもいい」は誰でもダメだよ。

よく考えてみ。運命の相手が私を泣かせるわけなくない？

どんなにかしこい女の子も、恋をするとただのバカになります。

おそろしく視野が狭くなって、自分の置かれている状況を客観的にとらえられなくなるのです（そもそも恋愛や情事において「客観的にとらえる」とはどういうことかという議論はさておき……）。

ＬＩＮＥの返信や相手のＳＮＳのログイン時間に一喜一憂して、何時間もかけてデートという名の「決戦」に備えて。会っていないときも相手のささいなひと言や笑い声が脳内でエンドレスリピートして、もう勉強も仕事も手につかない。

ただの愛すべきおバカさんになるのです。

そして、付き合ったあともメンタルはジェットコースターのまま。

言い合いをするたび、ひとりよがりな悲しみが心にじわーっと広がって涙する夜。朝目覚めた瞬間、試着室で悩んだ瞬間、見上げたお月様がきれいだった瞬間、あなたのことを想っていたのは私だけ？　将来のふたりを妄想していたのは私だけ？とベッドに臥《ふ》せるのです。

みんなきっと恋をすると頭がゆるくなってしまう。人生で何度恋愛を経験していても本気の相手には、**後にも先にもこの人しかいない、これが最後の恋かもしれない、**と思うものなのです。

でもよく考えてみて。
悩むんじゃなくて悩まされてない？
泣くんじゃなくて泣かされてない？
私を悲しませる王子様なら願い下げじゃない？

恋を始める資格（恋愛免許）

「〇年以上恋愛をしていないのですが、マズいですか？」という相談をもらうことがあります。

恋なんてものは、**余裕のある貴族たちの娯楽**です。

時間も手間も感情もかけた割に報われることは少ないし、図々しく脳内に居座り続けて、ある日急に出ていってしまう気まぐれなやつです。

お酒やタバコといっしょで、適度な距離を保ちつつ、**こちらが「主」であちらが「従」**だと示し続けないと、簡単に心身ともに飲まれてしまいます。

なかなか厄介な娯楽であるため、どんな人にも「恋愛しない自由」はあるし、そもそも性的欲求や恋愛感情を抱かない（抱くことが少ない）アセクシュアルの人々もいます。

もちろんガスが止められても気にせず、500円玉を握りしめてタバコを買いに行く大学生のように、嗜好品で身をむしばもうとする自由もありますが。

本当の恋って、前触れもなく発生するイベントみたいなもので、いいほうにも悪いほうにも転んでしまう。

たとえば、「どうせ私なんか」と思っているうちは他人の気は引けないし、恋なんてできません。「どうせ私なんか」期間に恋を始めたら、それは**恋愛の形をした恋愛ふうの何か**です。

娯楽なんてものは、元気なときに始めないと。

恋する人類たち、生傷と恥を誇れよ

「好きな人にアタックできません」と言えば少しは可愛く聞こえるけれど、「デートはこれまで男の人から誘ってもらうことが多かったので、自分から男の人をごはんに誘うのは恥ずかしいです……」なんて続けば、**恋愛をなめているのかな?** なんて思ってしまいますね。

もしや、みんな無傷で恋しようとしてる?

男も女も関係なく、自分から誰かを誘うというのは恥ずかしいですよね。あなたがデートをした過去の男性たちも、みんな一抹の勇気を振り絞って誘ってくれたはず。

自ら選択して可能性を広げようとするってことは、その選択肢を取り囲む**ハッピーシナリオもバッドシナリオも全部一回背負い込む**ということ。

バッドシナリオの場合、たしかに傷つくし恥もかきます。
でも恋の恥はかき捨て。
ダメならダメで次にいきましょう。

自分の心に巣食う恋心に気づいてしまった瞬間から、どんなシナリオを歩もうが人は無傷のままじゃいられないんです。

生傷と恥は恋する乙女の勲章。
恥をかく覚悟もなしに恋しようだなんて、空港に売ってるヌガー入りのチョコバーくらい甘いんだよ〜！

続く愛と続かない愛

愛情って、スキンケアみたいなものだなあと最近感じています。

スキンケアをする人って毎日続けてるじゃないですか。「月曜と水曜だけ保湿してます〜」みたいな人はほぼいないし、「○歳になったらやめよう」みたいなゴールもなくて、アイテムの入れ替わりや手のかけ方にムラはあるけど、基本は一生続ける習慣だと思っています。

そして、ただ顔面に塗りたくればいいわけでもないのが面倒ですよね。個人差だけでなく、年齢や環境の変化、ストレス、ホルモンバランスの乱れによりさまざまなトラブルが起こります。値段の高い美容液が自分の肌に合うわけでもないし、使っていた洗顔料が急に合わなくなることもある。旅行の行き先によっては湿度や水道水の硬度のせいで肌が乾燥したりして。自分に最適なケアを模索し、**トライアンドエラーを続けること**が重要になるのです。

愛情も、スキンケアと同じように、**常に試行錯誤しながら続ける〝習慣〟**です。ケアを怠ると肌にダメージがたまっていき、徐々にボロボロになるように、愛情の営みをサボり続けると、いずれおとしまえをつけるハメになります。

また、肌に一生残る傷あとがあるように、ふたりの間に大きく亀裂が入ってしまうと、完全に元に戻ることは難しくなります。

そして、恋愛における関係性も常に新陳代謝が必要になります。古い慣習、合わなくなった思想やスタイルは〝垢〟として落とし、お互いが新しい付き合い方を生み出していく。

放っておけば勝手に伸びてくる雑草とは違い、**愛情は強い意志と気力によって育つ**のです。

途切れない愛情というのは、途切れさせない愛情なんですよね。

長く続いた愛とは、**当人たちの努力が〝長く続かせた愛〟**なのです。

相手に期待しない、相手を支配しない、相手を変えようとしない人付き合いにおける三大義務

「私が彼を変えてみせる」

そう豪語して幸せな結末を迎えた子は、自分も含めてひとりも知らない。

日本における三大義務が「教育・労働・納税」っていうのは社会の授業で教わるけれど、**恋愛するときの三大義務**は誰も教えてくれない。だから、みんな権利ばかり主張して永遠にすれ違う。

命を燃やすように恋愛をしていた10代のころ。私だって、「彼を変えられる」と思っていました。怠惰極まりない生活習慣や人を傷つける言葉遣い、彼の人生観そのものまで変えられると。

周りの友人に迷惑をかけたり、自分の心を削ったりしながらまる1年努力したけれど、**彼の人生の羅針盤を0・1度たりとも動かすことはできません**でした。

いや〜「人を変える」なんて口にしちゃいけないね。
心中する覚悟、一生をドブに捨てる覚悟がないと到底無理。
そして、だいたいはその覚悟をもってしても無理。

あのころの私は、彼の人生やふたりの未来を思うと、相手に口出しせずにいられなかったのです。自己陶酔もはなはだしい限りですが、彼の人生もいっしょに背負っている気になっていました。

周りになんと言われようと、私だけは彼を信じるんだ！と謎のヒロイン精神が芽生えてきて。一方で、彼の言動ひとつひとつがどんどん気になってきて……。

今思うと笑っちゃうけれど、たしかに彼も「俺、変わるから」が口癖だったんですよね。恐ろしいことに、**変わる変わる詐欺って誰も取り締まってはくれない**んです。そろそろ駅やATMの詐欺防止ポスターに追加してくれませんかね。

1年苦しみ抜いて出した結論は、相手への不満や不安を引き受けられないなら

その人の隣にいる資格はないってこと。

本当にその人を愛しているなら、変えようなんて思わないこと。

そのままを愛せずに苦しんでいるなら、その恋をさっさとリリースすること。

「この人を変えてみせる」なんて**愛情の面をかぶった、ただのエゴ。**


相手のことは変えられません。

だから、自分が変わるか別れるかしか選択肢はないわけですが、なかなかその一歩が踏み出せないし、彼のダメさになかなか気づけないこともあります。

私だって、1年かかってやっとわかったから。


相手に期待しない、相手を支配しない、相手を変えようとしない。

この三大義務を頭に入れておくだけで、腐敗した恋や人間関係に対して正常に鼻が利くようになります。

あー、発酵でも熟成でもなくて、これ腐ってるだけだわって。

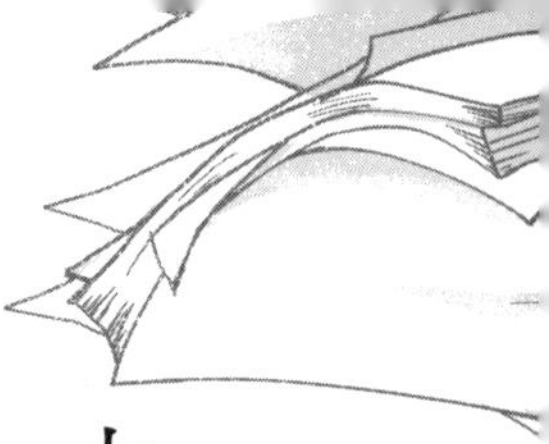

大切な人とのけんかにはルールがある
傷つけたら自分から傷つきにいけ
叩いたら両頬を差し出して2倍叩かせろ
仲直りの握手は
ふたりともボロボロになってから
けんかもちゃんとできない男には
憎む価値すらない

私の過去は私だけのもの、つらい過去を消化できるのも私だけ

自分以外の個体とは、痛みも記憶も共有できません。

この冷めた事実は、人との関わりにおける最大の悲しみで、同時に最大のなぐさめでもあります。長年の友人でも、愛し合っている恋人でも、家族ですら、**自分とは違う「他人」**でしかない。

ときに同情や同調はしてもらえるでしょう。

でもどんなに信頼している恋人でも、自分の人生の痛みを話したところで、同じ痛みを感じてもらうことはできません。同じく、自分が彼ら彼女らの痛みを引き受けることもできません。

たとえ、同じ事件や同じ環境の渦中にいる当事者同士でも、感じ方には違いがあるのだから。

つらかったねと寄り添い、背中をさすってくれる恋人のぬくもりは一時の慰めにはなるけれど、心の古傷はしつこくしつこく蘇ります。

だからもう、何をどうあがいても、自分の経験してきた過去は自分の体の一部だと認めるしかないのです。まるごと飲み込んで消化して、「あの過去のせいで」じゃなく、「あの過去のおかげで」と言える日が来るのを待つしかない。

あの失恋も、失恋にもならなかった恋の記憶も、**すべて私だけのもの。**

私だけがひとりで苦しんでいる……と、「私だけ病」にかかったときは、思い出してください。この世を必死にサバイブしているのは自分だけじゃないことを。街ですれ違う人も、憧れのあの人も、いっしょにバカやる友人も、大好きな恋人も、背中には見えない傷を負っていると。

そんなふうに、みんなの孤独を想像しながら古傷と付き合っていきましょう。

相手色に染まる前に自分のセンスを信じなよ

恋人が変わるたびに、ライフスタイルやセンスがコロコロ変わる人がいます。

私にもそんな時期がありました。

ミュージシャンと付き合っていたころは、その人の好きなアーティストを聴きあさって、「これいいじゃん！」と認めてもらえそうな新曲を常に探しました。朝5時に起きて、自己研鑽《けんさん》と仕事に励むようなぴかぴかサラリーマン（爆笑）と付き合っていたときは、人生で何度挫折したかわからない早寝早起きに挑戦しました。ぜんぜん起きられなかったけど……。

自分のセンスやスタイルは、今まで出会ったもの・人の蓄積から、自分で何をピックアップし、どのように濃淡や色をつけていくか、その過程によってつくり上げられていくもの。

だからこそ、**好きな人の好きなものと自分の好きなものが重なる**と飛び上がるくらいうれしいし、相手の好きなものを理解しようと頑張って真似たり合わせてみたりするのです。

でも、本屋でも試着室でも相手の顔が浮かんできて、これ選んだらなんて言われるかな……と躊躇《ちゅうちょ》するのは決して楽しい瞬間ではありませんよね。

私はその当時、苦しくて窮屈で、ダサかった。

好きじゃなくなった今考えると、本当にアホらしい。なんでこっちが相手の顔色ばかりうかがっていたのだろう。

彼らに自分から振り回されにいっていた数年間、自分の色を大切にできなかったのがもったいないなかったなと素直に思います。

触れてきた作品や好きだったファッションを自ら否定するのは、**他人から否定されるよりも心を荒《すさ》ませること**だから。

彼氏や好きな人に「えーなんかそれセンス悪くない？」なんて言われたら、「えーあんたの伝え方もセンス悪くない？」とさらりとかわしましょう。

「ごめん、今付き合う気はないんだ」は「お前は本命じゃないから、二度とそんな面倒くさい話題出してくんな」です

恋を始めるのは簡単で、楽しい。

メッセージのスタンプひとつに「こんなの使うんだな」といちいち感動したり、デート前日には一軍のコスメポーチをあさってアイシャドウとリップを選抜し、脳内妄想劇場を開幕。

ふたりの密かな甘いやりとりを思い出すたびに私たちは顔がほころび、心がやわらかくなってしまう。だから口角を上げる整形には、唇にヒアルロン酸を打ち込むより恋を始めるほうが手っ取り早いんじゃないか、と思っています。

そんな交際前のふたりは、**「不確実性」という名の大きな2つのシャボン玉**にそれぞれに乗って、期待と不安の間をゆらゆら漂っている状態。そして告白は、そのシャボン玉を割って、無防備な素っ裸で地上に降りるようなもの。

おーい、今から私といっしょに日常という地上に降りて手をつないで歩いてもらえませんか、という**勇気ある投降**なのです。

もし、少し本気で好きになりかけた女の子が、そんなふうに降参してきたら、男の好きメーターの針は「ちょっと好き」から一瞬で振り切れるでしょう。右下を見て戸惑う演技をしながら、「今付き合えない理由」をひねり出す余裕などない。

そして人のケジメとして、多少なりとも関わりのあった人間の捨て身の提案に対する言葉は**「ごめんなさい」か「よろしくお願いします」であるべき。**「今はちょっと」で、ひと筋の可能性匂わせるなんて、絶対ロクな少年漫画読んでないな。こっちはシャボン玉を割った手前、もう落ち続けるしかないのに。

というわけで、告白後の「ごめん、今付き合う気はないんだ」の意訳は、「お前は本命じゃないから、二度とそんな面倒くさい話題出してくんな（でも愛情と体は捧げてくれ）」です。

そんな返答をしてくる人間は、記憶の海底に沈めとこ。

自分の気持ちすら素直に伝えられない関係に未来はあるか

リアルの知り合いからも、SNSで私を知ってくれた人からも、よく恋愛相談を受けます。

十人十色の事情はあれど、悩みの原因を分析していくと、**相手とのコミュニケーションすら十分にできていない**パターンが非常に多いです。

相手に自分の要望を伝えないまま、相手の言動や習慣にいちいち腹を立てて、「相手が変わってくれない」「何回も言ったのに直してくれない」と嘆くばかり。

子どものころは、嫌なことがあったらすぐピーピー泣いて、相手や周りに自分の気持ちを伝えられていたのに。私たちは大人に近づくにつれて、ストレートに感情を表現することが苦手になります。

相手に説明するのもおっくうになり、不満をわざわざ伝えるのもみじめな気持ちになる。それでいて自分の意見や要望は曲げたがらない。

人とのコミュニケーションは本当に難しいです。まなざし、表情、声のトーン、言葉、雰囲気……年をとるにつれて、それらを読み取る訓練は日々積んできたはずなのに、**肝心の〝発信〟ができない**のです。

相手の嫌なところがあるなら、まずは伝える努力をしましょう。ただ責め立てるのではなく、自分がどんな気持ちになったのか、なぜ悲しかったのか、次からはこうしてくれるとうれしいな、と素直に伝えてみること。

そして彼はなぜその行動をとったのか(とらなかったのか)を深掘りしたあとに、**ふたりの妥協点**を探ってみるのです。

「どうせ彼は変わらない」とすねてみたり、「彼に嫌われたらどうしよう」と話し合いを避けたりするのは自由だけれど、体ひとつで真正面からぶつかり合うふたりのほうが、絶対楽しい。

復讐に燃える人の顔は世界でいちばん醜い

誰しも、復讐について真剣に考えたことが一度はあるでしょう。

恋人が実は既婚者だった、三股をかけられていた、親友に裏切られた……煮えくり返る腹わたを両手で押さえながら、なんとかして仕返ししてやろうと目論むのは、人として通常の反応ですよね。

「あのクソ野郎になんとしてでも仕返ししたい。何をすればいちばん痛めつけられるかな？」という相談を何回受けたことか。そして例外なく、誰かへの復讐に燃えている人の顔は、この世でいちばん醜かった。

醜い表情が顔面に定着してしまう前に、**復讐する覚悟**を問わせてください。

そのクソ野郎に捧げる時間を何年用意できますか。

周りの人を巻き込まないような、美しい復讐計画を立てる自信はありますか。

復讐がすんで、底なしの深い虚しさに襲われても絶対後悔しませんか。


私にもエマ・ワトソンにも、どんな人間にも共通するひとつの宿命があります。

それは、24時間しかない一日を送っているうちに、**いつかは死ぬ**ということ。

時間を注ぎ込む、時間をかけるということは自分の命をかけるに等しい。

復讐に2年費やせば、自分の命の40分の1くらいを捧げることになります。

自分を泣かせたやつに、そこまで命をかける価値はあるのでしょうか。


本当に本当に憎い相手には、今すぐ自分の存在を忘れてほしい、相手と共有した思い出すべてを遠くに押しやって、自分も早く忘れてしまいたいと思うもの。

むしろ、復讐の手間をかけてあげようなんて、なまやさしいことは考えないものです。


人を呪わば穴ふたつ。あなたは、穴に堕ちていく覚悟はありますか。

「まだ処女」問題は、問題じゃない

○○歳で、まだ処女／童貞です。
恋人ができたとき、正直に言ったら相手に引かれますか？

インスタで質問コーナーを開くと、必ずひとりは書いてくれるこの問題。

誤解を恐れずに言います。
えー本当にどうでもいいです！

あなたが「○○人斬りの百戦錬磨女子（男子）」として、深夜ラジオのパーソナリティーをやっていたら問題でしょう。でもそうじゃないなら安心してほしい。
あなたの魅力も欠点も絶対そこじゃないから。

初体験の相手は好きな人でも、付き合っていない人でもいいと思います。

人によって**セックスの定義なんてバラバラ**なもの。

愛の確認でもコミュニケーションでもスポーツでも高尚な契りの儀式でも、なんでもアリです。

ただひとつ大事なのは、**ポケットに意志と知識だけ備えておく**こと。

無理やりじゃないか、自分が望んでいないのに相手に流されていないか、今一度考えてみてほしいです。

そして、妊娠や性感染症、セックスにおける正しい(まっとうな)流れとマナーも反対側のポケットに入れておいてください。

自分の心と体を自分で守るために。

取り返しのつかないことになってあとで泣かないように。

色恋や依存ってやつは
当人たちにしか見えない
力学が働いた呪いなので
周りの人が何を叫ぼうと頬を叩こうと
そう簡単に目覚めやしない

信じちゃいけない男の言葉

3位「あいつとはもう別れようと思ってて」

2位「俺、絶対変わるから」

1位「何もしないから家行こ？」

ごめんねが言えない人はダメっていうけど謝り慣れてる男がいちばん怖い

家庭、学校、会社、夜の街、旅行先、SNS……あらゆる場で出会った人と、私はよく恋バナをしていました。

過去の恋愛遍歴を深掘りして、そのエピソードを語る口調や表情を観察すると相手の本性に近づけるから。

知り合いと久しぶりに会ったときも必ずアップデートするので、毎日毎週毎月、私の中で構築された巨大な恋愛データベースは育っていきます。

知り合いたちの話を聞いていると、必ず出てくるのが、**「ダメ男《お》」**の話。酒のつまみとしては最高だけど、彼らと恋愛でもしようものなら、私たちの貴重な時間とメンタルが腐っていきます。

どんなお利口さんでも、鉄人でも、**結局人はみんな感性と本能の奴隷**なので、惚れた相手がダメ男・女だとそこから抜け出せずに一、二度は地獄を見ることになります。

都合よく扱われるのも地獄、付き合い続けるのも地獄、そして決別するのも、相当きついし体力がいる。

人生の地獄は、若いうちに少しくらい経験しておいたほうがいいと思っている派ですが、恋愛の地獄は得られる経験値と比べものにならないくらい、時間と精神をしぼり取られるから要注意。

予備知識としてダメ男の対処法を知っていると、無駄に自分の命を削らずに生きられるので、**ダメ男を養う前に洞察力を養いましょう。**

交際前の挿入か挿入前の交際か

「簡単に体を許してはダメよ。男の性欲は、女には想像もつかないほど恐ろしいものなの」と祖母に教えられ、「ほとんどの男にとってセックスはゴールなの」と母に叩き込まれました。三世代にわたる英才教育！

そんなことあるかいな、と処女の私は笑って流しましたが、長老たちが言っていた通り、たしかにセックスをゴールと呼び、「あいつとゴールした」と成果や事後の写真を男性のみのＬＩＮＥグループで共有し合う男や、「抱いたら興味なくなった」と早々に恋人と別れる男たちは世の中に存在しました。かなりの割合で。

セックスというのは、ふたりの間においてすごく明瞭な〝頂点〟でしょう。**知りたい、触れたい、確かめたい、という恋の初期衝動**を一瞬で満たしてしまうのだから。

悲しい真実ではありますが、精神や魂での結びつきがよほど深くない限りは、**セックス＝ゴール**と考える人が圧倒的多数なのです。私自身、興味や好意を持っていた男たちを抱いて（抱かれて）みて、急激に気持ちの温度が下がってしまい、返信すらおっくうになって疎遠になった経験があります。

この闇深い問題に対する、私なりの解を述べますね。

こちらが本命と感じていない、つまり期待も見返りも持ち得ない相手なら体を許してもいい。もしくは今さらセックスのひとつやふたつで変わるような仲でないと断言できるなら、挿入くらいしてみてもいいでしょう。

真の問いは、**「セックスをしたら付き合えなくなるか」**ではなく、**「セックス後に疎遠になっても諦めのつく相手か」**であるべき。

これは悪魔の裏技ですが、**抱けなかった女**として相手の心に残る手も。

未完の漫画、登頂できなかった山、抱けなかった女。

「完成させない」という呪いは強烈ですからね。

DATE / / No.

第2限

もう惚れた私の負けでいいから

試合終了の笛だけ鳴らして

モテテクとか愛されメイクの前にエーリッヒ・フロムを読め

〝ぶっちゃけ、どうすればモテますか？〟

モテテク、愛されメイク、合コン必勝マニュアル。本屋に行けば雑誌コーナーにも啓発本にもそんなタイトルばっかり並んでいます。

私が最初に〝モテテク〟を学んだのは小学生のころ、毎月愛読していた雑誌の特集でした。

気になる男子にはプリントを両手で渡そう、彼を観察して頻繁にほめよう、とかそんな感じです。プリントを渡すときは手首の内側を見せて、きれいな肌や可憐さをアピールしよう！というテクを見つけた日には、そのあざとさに感動して早速実践しましたね。結果、手の体操をしている不審者みたいになって終わりましたけれど。

ド定番すぎて殿堂入りの「名前を呼ぶとき軽くボディタッチ」みたいな下世話な

ものも合コンで試してみたけれど、下心まみれの男に一瞬ちやほやされただけ。

モテテクの類は、子どものころ流行った心理テストのように、箸休めのコンテンツとして楽しむくらいがちょうどいい。**そんな付け焼き刃で他人から愛してもらえるなら、誰も苦労はしない**ので。

また、**「モテ」「愛され」なんて現象は悲しいほどに不安定**です。自分の気持ちのコントロールすらままならない私たちが、他人の心をキープできるはずもありません。もし、晴れて両想いになったとしても、ずっと同じ熱量で「好き」の天秤が釣り合う望みもない。

ただ唯一、かわいそうな私たちが救われる方法があるとするならば、「好かれている」「愛されている」という受動的な状態をいつまでもボケーッと夢見るのではなく、**相手のことを「受け止めよう」「愛してみよう」**と、自分から「与える側」に回ること。

恋愛に限らず、すべての人間関係においてはタイミングやお互いの気分、物理的距離など数多の変数が存在します。そのなかで、**自分の覚悟と意志**だけがたしかなもの。

どんなに天候が荒れようと操縦桿を握っているのは自分だけなのです。

「〜してほしい」が「〜してあげたい」に変わると一気に視野が広くなり、自分や相手のこと、ふたりを取り巻く周りのことが冷静に見えてきます。相手と精神的に結合した、深い関係を築くことができるのです。もし一向に、「〜してあげたい」と思えなければ、その人とは離れたほうがいい。

そして「そんなのきれいごとだよ！」と憤る人や、「そもそも愛って何なんだ……」と頭を抱える人にこそ、ドイツの精神分析学者エーリッヒ・フロムの『愛するということ』を読んでほしいです。

愛の本質は「愛される」ことではなく「愛する」ことにある、という立場から愛の理論と実践を教えてくれる本です。

〝愛するということは、なんの保証もないのに行動を起こすことであり、こちらが愛せばきっと相手の心にも愛が生まれるだろうという希望に、全面的に自分をゆだねることである〟（エーリッヒ・フロム著／鈴木晶訳『愛するということ（新訳版）』紀伊國屋書店／1991年／p.190）

私も10代のころは気づかなかったけれど、与えるほうが豊かな人生を送れるんじゃないかと最近やっと思い始めました。

だからこそ、「可愛い」「これやってあげる」とチヤホヤしてくれる10万の歩兵をモテテクでおびきよせるより、「それは違うと思うよ」と叱ってリードしてくれるたったひとりの大将候補を選び抜き、精いっぱいの愛を与えて大切に育くむほうが、ずっといい。

チヤホヤ歩兵は後回し。愛は空から降ってこない。

大失恋に対する唯一の処方箋

〝別れた元カレに未練があります。どうすればこの失恋から立ち直れますか？〟

「失恋」と聞いて思い浮かべるパターンはさまざまです。

好きだった人に告白してフラれた、とある事情で恋人と別れてしまった、信じていた恋人に裏切られて別れを選んだ、想いを寄せていた人にパートナーがいることを知り諦めた――胸が張り裂けそうになって、今もなお心の傷が癒えない失恋女子たちにちょっと聞いてほしい。


失恋は恋を失うと書きますが、本当は恋を失ったわけじゃない。失われたものは、未来の私。**「そこにいたかもしれない私」**が永遠に失われたのです。

あの人が話すエピソードにおなかを抱えて笑う私。映画館のエスカレーターで前後に乗り、興奮気味のあの人と映画の感想を言い合う私。あの人といっしょに砂浜を歩き、これまでとこれからのふたりについて語り合う私。

まぶしいくらいの楽しい思い出、吐き出さずにいられないつらい出来事、日常にあふれている小さな幸せ。まだ見ぬそれらをあの人と共有し、あの人の隣で人生を歩んでいたかもしれない**「未来の自分」を失った**のです。

そんな「未来の私」が成仏せずに悪霊となって、「今の私」の肩に乗っかっている状態のことを「失恋」といいます。

失恋後の「私」の成仏については、まず「死の受容」の説明から。

古今東西、「死」についての研究がなされてきた中で、自分の死を宣告された人がたどる精神プロセスについて臨床研究を重ねた博士がいます。彼女の名前はエリザベス・キューブラー・ロス。

末期患者200人と向き合い、死の受容に関するモデルを唱えた『死ぬ瞬間』という著書は1969年に発表され、世界的ベストセラーになりました。

そのフローは以下の通りです。

1. 否認　ショックを受け、嘘だ、何かの間違いだと否認する。

2. 怒り　病にかかったのがどうして私なのだ！と怒りや憤慨の感情を覚え、周囲にあたるようになる。

3. 取り引き　死を回避できないか、命を延ばすことはできないかと神や仏にすがり、現実逃避に近い模索を始める。

4. 抑うつ　もう何をしても死から逃れられないのだと悟り、絶望や悲しさに支配される。

5. 受容　十分になげき悲しんだあと、憔悴してほとんどの感情や執念がなくなり、死（という運命）に対する諦めを覚える。

もちろん失恋と死を前にした患者の精神を比較するなんて乱暴な論は許されないことを承知で、それでも私は、このプロセスには学べるものがあると思っています。

失恋を自覚（＝否認を終えた状態）だとすると、暗い気持ちに襲われながら、「なんで私じゃダメなの」「どうしてあの子なの」「なぜ今なの」とあらゆる人やものやタイミングに怒りと悔しさを感じるでしょう。

そこで怒り疲れてフッと気持ちが途切れる人も多いですが、「もしかしたらまだ希望はあるのでは」「私が○○したら結果は変わるのでは」と可能性がゼロに近い架空の物語（＝取り引き）を頭の中で100万回ほど繰り返します。

それでもまだ想いが捨てきれない人は、「何があってもあの人の隣で笑う私には会えない」とようやく現実を認め、ひたすら深い悲しみに沈みます（＝抑うつ）。

キューブラー・ロスの提唱したモデルにのっとると、その悲しみの果てに諦めに近い境地「受容」が待っているのですが、多くの失恋女子たちは「取り引き」の段階で足踏みします。

「抑うつ」まで進んでしまえば、頭でわかっていることに少しずつ心が追いついてきます。他の感情や日常の忙しさにより、一滴ずつスポイトから水がたれるように、悲しみは薄まっていく。それが**「受容」へとつながります。**

いちばんの問題は、**「取り引き」の段階に永遠に留まってしまうこと。**

そう、失恋に長期間苦しんでいる人は、まだ「未来の私を諦めきれていない」人たちなのです。

一部でも失恋の痛みを否定している間は、「いたかもしれない未来の私」にすがっている状態です。失ったことを認め、「いたかもしれない未来の私」にさよならすると**腹をくくった人は、悲しみから逃げない。**悲しみを味わい尽くしてやるという意志があります。

過去の想いが強い人ほど、ちゃんと悲しんで、ちゃんと絶望してからでないと、次の恋なんてできません。泣いて泣いて、浴びるように酒を飲んで、それでも諦めきれない私たちに必要なのは、葬ること。失恋前に思い描いていた希望や好きな人との未来をすべて**「もう起こらない幻」として葬る作業**です。

鬼のように厳しいことを書いてしまったけれど、幸い私たちは生きています。

「あの人の隣にいたかもしれない私」には一生会えないけれど、別の「素敵な人の隣にいるかもしれない私」にはこれから会いに行けるよ。

失敗も失恋もまだ悲劇じゃない
そこから痛みを痛みとして受け入れず
見た目だけ年をとるのがいちばんの悲劇

片想いは、いい加減なほど報われます

〝ずっと片想いしています。どうすれば彼に好きになってもらえますか？〟

「好きになってもらえますか」

この無垢なひと言に、あなたの恋が片想いで永遠にフリーズしているわけが、凝縮されています。

好きな人からの愛や関心がほしい。誰しも抱く願望ですね。

無粋な真似をしてでも、無理やり〝女〟の部分を見せて意識させるとか、自分なりに考えて〝ギャップ〟を演出してみるとか、巷にあふれる恋愛テクを実践するのは簡単。

ただ、簡単に手に入れたものは、簡単に指のすき間から逃げていきます。相手に本物の愛情と敬意を抱いているなら、濃縮還元なし、添加物なしの生身の自分

まるごとで勝負しないと意味がない。〝ずっと片想いしている相手〟は、小手先のテクニックに引っかかる人ではないはずだから。そして1日や2日の工夫と努力で得た「好き」に喜べるほど、あなたの恋心は薄っぺらくないから。

真の恋愛も友情も、対等な関係を築くところから始まるものです。

相手の長所を尊敬して愛し、相手の短所に苦笑しつつ許してあげる。相手も自分に対してきっと同じようにしているんだろうなと感じながら。価値観も感受性も、世界のまなざしもまったく違うのに、**「違い」が面白くてワクワクする。**たまに見つかる**「同じ」がうれしくなる。**そんなものですよね。

対等な関係かわからない……と感じた人はまず相手との対話を試みること。

話すテーマはなんでもいい。ちょっといいなと思った歌詞の一節とか、誰にも言ってこなかったひそかな野望とか、これまでの人生でやらかしたいちばん悪いこととか。自分の「語り」によって相手と何かを共有してみてください。

相手のことをきちんと観察すれば、自分が対等に話せているか、同じ次元でコミュニケーションできているか、そして**相手が自分との「違い」を楽しめているか**がわかるでしょう。

そこで自分の力不足を感じたなら、誠実な片想いだったということ。

その淡い片想いはいったん脇に置いて、相手への強すぎる関心を引きはがし、ほかの人との交流に目を向けたり、自分の活動に打ち込んだりして**自分の人間性と向き合う期間**をつくってください。

「あなたのことが大好き！　私を見て！」という一途とエゴをはき違えた片想いはポイして、「私も頑張ってるし、いつかまた楽しく話せるときが来ればいいな～」くらいの**いい加減なスタンスで臨みましょう。**

相手に振り向いてほしいと願うより、自分本位に振る舞い、自分の世界をつくることに集中していると意外なタイミングで報われるもの。そのときのあなたは「どうすれば好きになってもらえるか」などと悩んでいないはずですから。

恋愛は、ひとりでも生きられる
自立した人間×2が寄り添うものなので
「俺がいなくても生きていけそうだから」で
彼女をフる男は恋愛を
介護か何かと勘違いしてる残念男だよ！
みんな気にしないでね!!

勘で恋愛していませんか？　出会いの数は戦略次第

〝なかなか出会いがありません。どうすれば彼氏ができますか？〟

「イイ男ってどこに落ちてる？」「彼氏ほしいけど忙しい」

こんな戯言は女子会の酒の肴にはうってつけですが、本気で口にするようになったら、ぜひ思い出してほしいことが……。街角でイイ男と遭遇できる世界線は二次元にしかないし、人間15歳を越えたら時間も出会いも自分でつくり出すものですよ。

それなりに努力してるのに！と憤慨する人は、下の方程式を見てください。

①行動範囲×場数

場数はそのままの意味でバッターボックスに立った数です。闇雲に

$$\text{イイ出会いの数} = \frac{\text{行動範囲×場数}^{①}\text{×積極性（好意の種まき）}^{②}}{\text{譲れない独自の基準（審美眼）}^{③}}$$

踏みつけた場数でなく**「考えて踏んだ」場数は、経験にもつながります。**

重要なのは行動範囲のほう。よく「合コンしてるのに」「マッチングアプリを使ってるのに」という人を見かけますが、なんてもったいない。出会いが少ないと感じているなら、出会いの経路・手段・パターンの偏りを修正すべき。定番の合コン、人の紹介、アプリだけでなく習いごと教室や趣味の集まり、行きつけのスポット、普段足を運ばない街のバーなど、出会いの可能性は無限大です。

そして範囲を広げる際には、**広げ方の〝質〟**を意識してください。たとえば、人に紹介を頼むとき、「ねえイイ人いない？（笑）」「フリーのイケメン紹介して！」などとふざけ半分で頼んでも華麗にスルーされるだけでしょう。

それは、「ああ、5億円降ってこないかな」と同じですから。

紹介の確度とスピードを段違いで上げるには、「〇〇ちゃんの知り合いにこういう人いない？　ちなみに見た目は一重の塩顔が好きなんだけど、思い当たる人いる？」というように、いくつか具体的な条件を提示すること。その場で何人か候補としてインスタグラムやフェイスブックのプロフィール写真を見せてもらい、すぐ連絡をとってもらうくらいのレールを敷くこと。

このように**紹介依頼の質を上げること**で恋人をつくった人は何組もいます。なかには、ずっと通っていた美容師さん経由でどタイプの男性と付き合った女性も。

②積極性（好意の種まき）

ここでの積極性とは、「私、あなたに興味あります」という姿勢を見せることをさします。

教科書には書いていない真実なんですけどね。成熟したまともな男性ほど、「女性が好意ゼロの男性から言い寄られる不快感」への想像力と自分の下心への自制心が働くので、初対面の女性に下心を見せることに抵抗があるのです。

ぶっちゃけ女性に困窮しておらず、よほどタイプの女性でない限りデートに誘うのもおっくうなので、無意識にセーブしています。

でも、**（OKゾーンの）相手に誘われたら行く**という場合は非常に多いのです。

第一印象とOK・NGゾーン

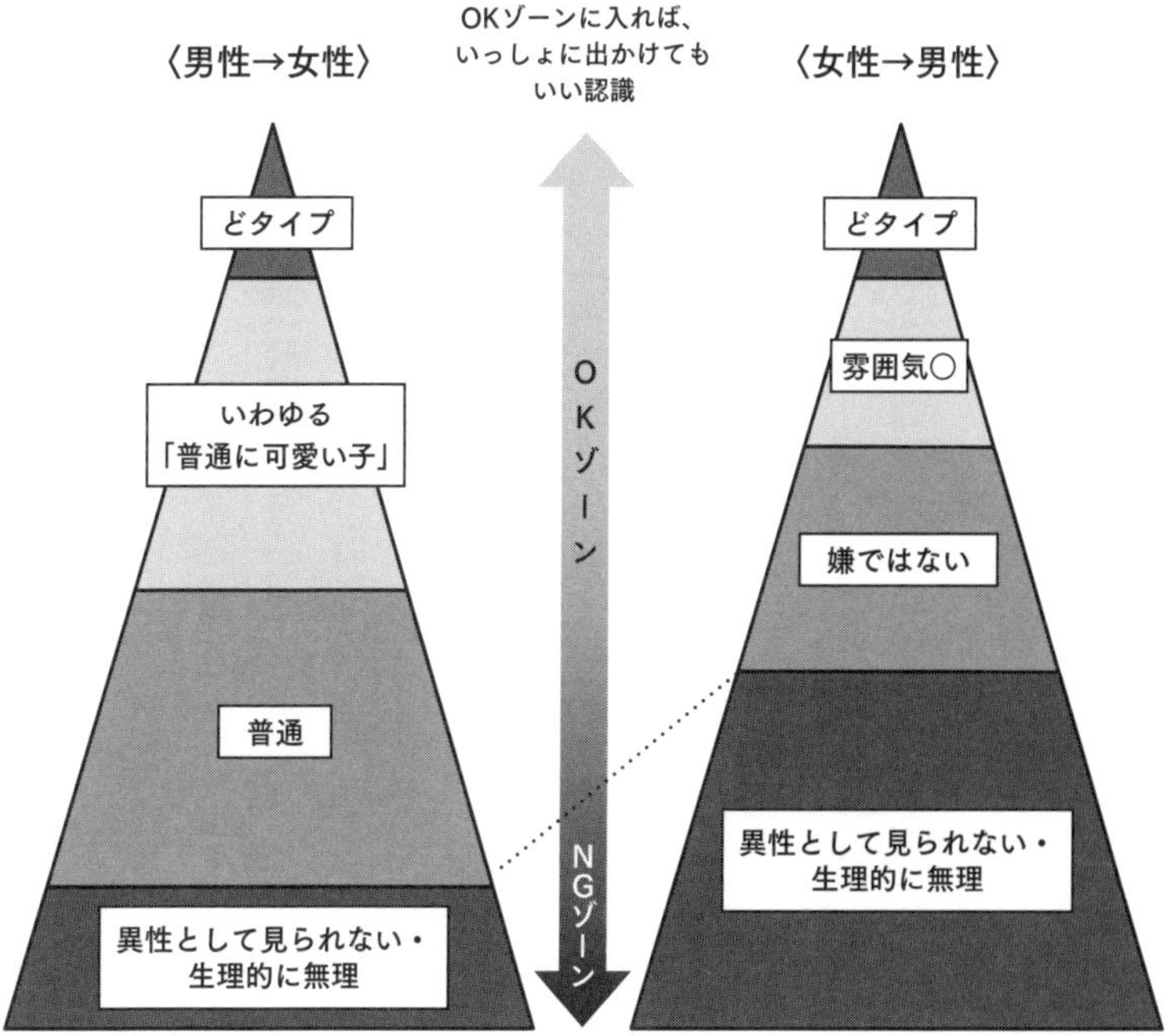

人気のある男性が初対面でわざわざ自分から誘うのは、ピラミッドの頂点に君臨するどタイプ女子だけです。それに対し、誘われれば「普通に可愛い子」「普通」ゾーンの女性からであっても「まあいいか」と一度は誘いに応じます。男性は女性に比べて**「サシで食事に誘われる」経験が圧倒的に少ない**ため、女性からお誘いのLINEをする時点で強烈に印象づけることができます。

少しでも興味を持った人とは連絡先を交換し、軽いノリで趣味や食事の好みなどを聞き出し、軽いノリで「日本酒好きって言ってたよね？　ここ100種類もあるみたいだから今度行ってみよ～」と食べログのURLをぺろっと送っておくだけでいいのです。こうして**「好意の種まき」**をしておくと、たとえそのときはタイミングが合わなかったとしても、「この子は俺が誘っても不快に思わないんだ」という意識を植え付けられるので、相手から数週間後に連絡が来たり、別の用で誘われたりして必ずひとつやふたつは芽吹くものです。

好意の種まき、テストに出ますよ。

③譲れない独自の基準

いくら大勢の人と顔を合わせてせっせと種まきをしても、自分なりの基準がなければ、無限にデートをし続ける修行僧になってしまいます。

ここで大事なのが**審美眼**。この分母の部分は、「清潔感がある」「失礼な言動をしない」など一般的かつ無難で退屈なものではなく、自分に正直になって2、3個言語化してみるといいでしょう。

たとえば、「顔にこだわりはないけど、実は身長は自分より10センチ以上高くないと恋愛対象として見られない」とか「社交的な性格がいいけど、夏は毎週キャンプで冬は毎週スノボみたいなハイパーアウトドア人間とは絶対合わない」とか「人のことをお前って呼ぶ人は無理、男同士でも無理」とかそういう本音を明確に持っておくといいです。

この基準をいくつか持っていると、**出会いのスクリーニング（足切り）**のスピードが上がって効率的に出会えますし、自分が本当は「こいつ、たぶんないな」と思っている相手と無理にデートしなくてすみます。ゆくゆくは、①にとって大切な「紹介依頼の質を上げる」にもつながりますよ。

セフレ止まりから突き抜けるには

〝セフレのことを好きになってしまいました。月に2、3回会う関係が半年くらい続いていますが、付き合おうという話は出てきません……。〟

セフレってめちゃくちゃ便利で都合いい関係ですよね。

いっしょにいて苦にならない程度に、ほどよく自分のことを理解してくれて、性欲をインスタントに満たしてくれて、人肌恋しい夜に温めてくれて。あえて極めて下品に表すと、「話し相手にもなる体温つき肉便器★」ってところでしょうか。最低な表現だ……。

セフレ関係に悩む男女にとっていちばん厄介なのが、「私たちは肉体関係だけでなく、いっしょにごはんに出かけるし、会話もちゃんとする恋人みたいな関係」というひと筋の希望があること。セフレ地獄にもがきながら空を仰ぐと、蜘蛛の糸のごとく、「恋人みたいな関係」という勝手な解釈が頭上に垂れてくるわけです。そして、禅問答のごとく繰り返される「じゃあ私たちの関係って何？」「なんで付き合ってないんだろう」という**果てなき問い**。

すぐに切れそうなその糸を強靭なアルミ梯子に変える方法を紹介します。

まず**「付き合いたいオーラ」を出しても相手がノッてくれない状況**を端的に表すと、以下の方程式になります。

(a) **“好き”の真剣度**
×
(b) **関係喪失への“顕在化”した不安**
＜
(c) **フリーの身でいる快適さ**

※相手に恋人がいる場合、つまり浮気状態のセフレ関係のケースにおける(c)は「今の彼女と付き合い続けるメリット×別れる面倒くささ」になります。

なぜ相手にとって(c)が重要か(＝大きいか)というと、誰だって責任をとりたくないから。付き合うと、今までスルーできていたお互いの嫌な部分を受け入れたり、将来のことを考えたり、他の人との関係を新しく持てなくなったりして、面倒ごとが増えるのです。加えてたいていの人間は、「今いる場所、状況を変えたくない」という変化を避ける**「現状維持バイアス」**の心理が働くので、そりゃあ交際に踏みきるのは明らかな損だという判断になるわけです。

相手の立場に立ってみると、直感的に判断しても合理的に考えても、「タダで」愛情もモテも体も手に入る今の状況がベストチョイスってことですね。

では(a)と(b)の量をどう増やしていくか。

(a)「〝好き〟の真剣度」は唯一無二性とも言い換えることができます。自分にとって「こいつは他の女と違う」「こいつは大切にしないといけない」という**〝かけがえのない存在〟**になれるかどうかですね。

このポジションをとるには、単なる容姿のよさや夜の相性だけでは乗り越えられない壁があります。「こいつにはかなわないな……」と思わせられる尊敬ポイントが加算されないと、(a)は大きくなりません。

ちなみに、愛情の搾取に熟達したセフレ職人は息をするように「やっぱり○○といると居心地いいわー」と言うのですが、これは唯一無二性の証明ではなく「お前は最高に都合のいい女だぜ、おつかれ」というねぎらいの言葉です。

残念ながら、尽くすだけでは尊敬ポイントの加算につながらず、「今日もタダで尽くしてくれてありがとう！」と一日限りの感謝ポイントが転がり込むだけ。

相手からの尊敬を得る王道パターンとしては、**①相手が感心するような努力を続けている、②絶対にブレない強い芯を持っている、③いざというとき（相手が窮地に陥ったとき）頼りになる、**の3つがあるのですが、③はタイミングの要素が大きいので①×②を意識するといいでしょう。①は勉強でも趣味でも仕事でもどんなに小さいことでもいいので、継続すること。②の「芯」とは、人の意見や世間に流されず、自分なりの視点や解釈を持つことで生まれます。

友だちでも同僚でも「この人、他とちょっと違うな」と思う人いますよね。あの特別な感覚が彼の中に芽生えれば、(a)の量は自然と大きくなります。

(b)「関係喪失への〝顕在化〟した不安」は、「この人どっか行っちゃうかも」「誰かにとられちゃうかも」という不安です。いちばんのポイントは「顕在化」。つまり、隠れていた不安がはっきりと表にあらわれることです。ぬるま湯のような曖昧な関係が続くと思っている相手に「もう今まで通りにはいかないな」と気づかせるのですね。

現状維持バイアスを超えて行動させるには、**ある程度の焦り**が必要なんですよ。強い意志やモチベーションがない限り、決断も努力も先延ばしにしてしまうのが人間ですから。

では不安を顕在化させて、(b)を大きくさせるにはどうすればいいか。

これはめちゃくちゃ簡単です。

①そろそろ彼氏がほしくなってきたという自分の意志を伝え、

②他の人の存在をにおわせる言動をすることです。

①は「そろそろ彼氏ほしいなあなんて(ちらっ)」という下品な目配せは禁物。

何気ない会話で「○○（仕事、学業、バイト、趣味活動）も落ち着いてきたし、週末にゆっくり過ごせる相手がほしいんだよね」くらいに留めましょう。
②はもっと婉曲的な表現で大丈夫です。相手のお誘いを断ったり、週末に予定がある感じをにおわせたりして、「あれ、ちょっと最近忙しいのかな？　もしかして俺の優先度、下がってる……？」と思ってもらうこと。
「私、今他の人に言い寄られてて困ってるの」なんていう恥ずかしい野暮モテアピールは不要です。

〜お試し方法〜
まず(b)を試してみてまったく相手が動じない場合は、(a)がゼロに近いということ。もちろん、(a)の量は一朝一夕では変化しませんが、時間と手間をかける価値のある相手ならば、トライしてみてください。
(a)を心がけていると、不思議と**セフレ沼から抜け出せている**ものですよ。そして今あなたを苦しめている相手以外からもアプローチが殺到するので、(b)は自然とクリアできるでしょう。

誰も彼も結局ね
見透かされた相手には
軽率にときめくし
未知の自分を見つけた相手には
一生かなわない

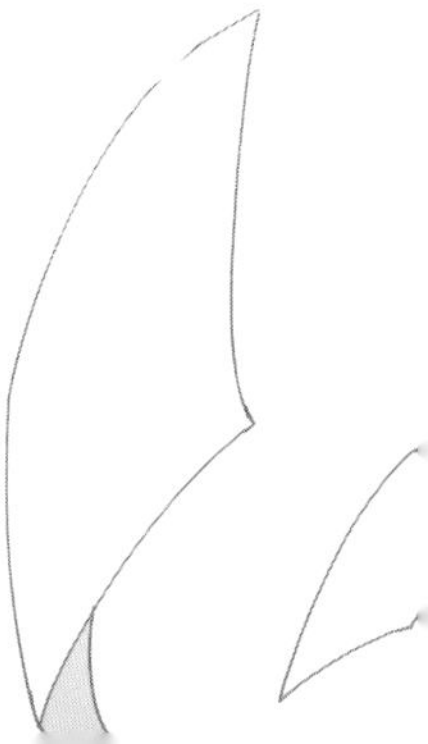

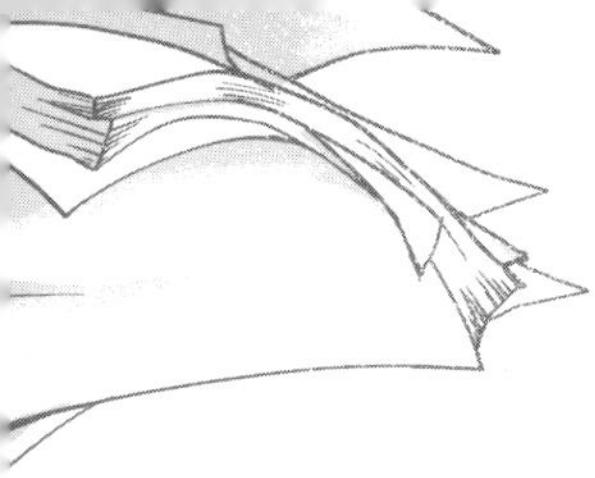

何度も元カレに連絡するって
あなたが執着しているのは
過去の亡霊なんだよ？
スマホに墓参りしても
元カレは生き返らないよ？

おおロミオ、あなたはどうして既婚なの？

〝年上の男性と不倫していますが、将来どうなるかまったくわからないまま、罪悪感と不安で毎日つらいです。〟

「ダメなことだと頭でわかっている」

はい、不倫の恋に苦しむ人たちの二言目。

一方、既婚者側は口をそろえてこう言います。

「出会うタイミングさえ違っていれば」

「君と離れることを考えるだけで怖くなる」

「人生でこんなに人を好きになったのは初めて。こんな気持ち知らなかった」

友人からの話にもフォロワーからの相談にも、必ずこの言葉が出てきます。

もしや既婚者界の中で、**闇のマニュアル**出回ってます？

本気の恋を前にすると、法的リスクや倫理観なんてものは塵と化して消え去ります。それくらい、**恋の熱情はでたらめで暴力的で、ときに周りの状況や相手の向こう側にいる人間への想像力をなくさせる**のです。

だから、私は恋愛の渦中にいる当人たちの言う「この人しかいないと思った」は、平日の真昼間に家に訪ねてきた人たちが売っているわけのわからん壺や水の「効果効能」くらいあてにならないと思っています。嘘っぱちだと言うつもりはなく、ただ**あてにならない**と思っているのです。

罪を共有した不道徳な恋は、いっそう強く燃えあがります。

「おおロミオ、あなたはどうしてロミオなの?」くらいの勢いで。

「ああ神様、どうしてこの人は結婚しているの」

「どうして僕らを○年前に出会わせてくれなかったのですか」

と頭を寄せ合い、誰にも応援されない運命を呪う日々でしょう。

このまま10年以上、不倫を続けてバッチリ婚期を逃し、相手はもっと若い子に愛人の鞍替え……という悲劇を防ぐために、**彼の愛の深さとふたりの将来を見透かすことのできる簡単な診断**を紹介します。

まず、彼に自分の苦しみをありのまま伝えたあとに、「これからどうするか真剣に考えて結論を教えてほしい。じゃないとつらくてもう会えない」と〝**交渉**〟することと。そして彼がどう対応するかを、目ん玉をかっと開いてよく〝**観察**〟することです。きっと彼は初めて事の重大さに気づき、自分の身勝手な言動がいかにあなたを板挟みにして苦しめているかを知るでしょう。

この先の展開として3つのパターンが存在します。

(「今さら面倒くさいこと言うなよ」と彼が逆ギレする場合も可能性としてはありますが、短気で不器用な人とはもとから不倫は成立しないため、今回はノーカウントとします)

①彼が家庭を優先し、あなたへの申し訳なさで自らけじめをつける場合。

彼がかしこい人間で、本当にあなたの人生を考えているならこれしかないです。今後、物理的に彼が会うのを拒めば、自然と恋の炎は小さくなります。2週間ほどはむせび泣く夜が続くかもしれませんが、その地獄を乗り越えれば自責の念や将来への不安から解放されます。もし彼と職場がいっしょなら、どちらかが部署や会社を変わることも必要になるでしょう。でも、**通算ダメージ**とこれから無駄にする時間は最小限ですみます。

②彼が今後の人生においてあなたとの未来を選び、離婚を決行する場合。

決意でも決断でもなく決行です。あなたにとっては理想のパターンかもしれませんが、とてつもなく面倒くさいし、周りからひんしゅくも買うでしょう。それでもふたりの「この人しかいない」を貫くならば……ということです。

俗に略奪とか乗り換えと呼ばれるパターンですね。実はこれ、私の知る限りでも数組存在していて、全不倫カップルの約5%くらいが当てはまります(肌感)。

その中には数年後にまた離婚した夫婦もちらほら(ホラー)。

①②のどちらを選んでもしばらくの間、あなたは張り裂けるような胸の痛みを抱え、いばらの道を歩くことになりますが、棘が足を刺す痛みなど、これからずるずる不倫を続ける苦しみに比べたら虫刺されみたいなものでしょう。

③離婚はされずに彼が困り顔&涙目で「もう少し待ってくれ。妻と（いつか）必ず別れるから」とすがるだけの場合。これがもっとも卑近で深い沼地獄です。

「子どもが大きくなるまで待ってくれないか」
「今、妻と話し合いをしているんだ」
「今、別居中なんだ、あともう少し」
「離婚届に印を押してくれなくて」

正直、これで数年間は引っ張れますからね。いや、年下のピュアな女の子相手なら10年はイケる。

本当に夫婦関係が破綻していたり、実際に別居していたりする場合は、だいたい半年もかからず離婚に落ち着きます。奥さん側が離婚調停の申し立てをした場合は、それからさらに半年ほどかかります。

②のパターンかと思いきや半年たっても何も状況が変わらない……という場合は、悲しいけれど結局ただ搾取されていただけの③のパターンですね。残念ながら彼は愛している(つもりの)人の苦しみより自分の欲を優先させ、その場その場をごまかせばなんとかなると考えているような、よく道端にいるお猿さんです。一生自分のバナナでもかじってろと言いたいですね。

③だと気づいたら全速力で逃げてください。意志の伴わない宣誓を繰り返す口だけ男なら、別に**不倫などという危険な冒険をしなくても代替が効きます。**

診断の結果はどうでしたか?

最後に、『ロミオとジュリエット』の作者ウィリアム・シェイクスピアはこんな言葉を残しています。

〝男というものはいつでもそうだが、我が家から離れている時が1番陽気なものだ〟(座右の銘研究会編『座右の銘1500―人生を豊かにする言葉のサプリ』笠倉出版社/2012年/p.84)

別れてから2年くらい復縁の問題を解いてるけど、いつ証明できそ？

〝半年前にフラれた元カレのことが忘れられません。復縁したいです。〟

私たちはわけもわからず、理不尽な何かに巻き込まれて恋に落ちます。たぶん、きっかけはなんでもよくて、横顔がきれいだったとか、かすれた声が忘れられないとか、同じ映画が好きだったとか。

そんなことで恋はいきなり始まっていて、気がつくと相手の欠点（とあとから思えるところ）までいとおしくなっているものです。

そして復縁を望む人たちは「別れ」にだけ、執拗に理由を求めます。あのとき、彼がくだした結論は間違いだったんじゃないか、私の決断は過ちだったのではないかと**「あるはずの理由」にすがる**のです。

「なぜ別れたの？」の問いに対して、過去の相手への未練が強い人ほど饒舌《じょうぜつ》に語ってくれます。別れに至った流れや因果関係を何度も分析して反すうしたせいか、明確に答えられるんですよね。

でも**本当の理由なんて一生見えない**んですよ。片方の浮気だろうが、多忙によるちょっとしたすれ違いだろうが、遠距離だろうが、理由は無数にあっていつまでも見えないもの。

別れた原因はこれじゃないか、と当事者たちが思っていても、実は**顕在化していない理由にこそ、本質的なものが隠れている**のです。

ある女友だちはアメリカに留学していたのですが、日本とアメリカの遠距離中に彼氏の浮気が発覚。大揉めに揉めて別れたものの、その1年後に彼女の帰国をきっかけにまた会うようになり、みごと復縁しました。そのカップルは日本で同棲して1年ほど付き合ったものの、ぶつかり合いが多くなって別れました。

ふたりが別れに至った原因は、遠距離でも浮気でもありません。太平洋を隔てようが同じ屋根の下で暮らそうが、結局「別れ」は起こるべくして起こったのです。

真剣に想い合っていたふたりなら、嫌というほど話し合って、別れないですむ道を探って、それでもダメだった末の「さよなら」だったはず。

「あのころのふたり」が手を尽くしてどうにもならなかったことは、「今のふたり」でもどうにもならないんです。

改心したから、余裕ができたから、やり直せるはず？

そんなわかりやすい場所に修復の可能性が落ちているなら、彼らも別れなんて選ばなかったでしょう。別れを口にした人間も受諾した人間も、一度はお互いが「別れるしかない」と決断し、ピリオドを打ったのです。過去の決断をくつがえすような人間が、ふたりいっしょにいてうまくいくはずがない。


そしてふたりの間にある無数の「理由」は、復縁のために意識してすぐ直せるような単純なものではなく、もっと根深い何か。それはお互い別の人生を歩んでいくうちにいつの間にか変わっていたり、変わらなかったりするものです。

本来、人の脳は日々どんどん新しい情報を上書きするために、不要な情報や、つらい出来事を積極的に忘れようとする機能を持っています。未練や執着から離れられないのは、毎日思い出すことで自ら**「残しておく記憶」フォルダに入れてしまっているから。**別れから日を追うごとに「あのころのふたり」の影が色濃くなるのも、「彼しかいないのでは」と錯覚するのもその影響です。

過去にとらわれて過去に生きているうちは、何も変わりません。相手への執着を手放して本当に「大丈夫」になってから、何らかのタイミングでふたりの人生が交わることがあれば、**新しく「今のふたりの」恋を始めればいい**のです。

一生のうちに、私たちの性質や人格はあらゆる選択と巡り合わせによって変成し続けるからです。

「もう思い出の中でしかこの人に会わない」という覚悟がないなら、別れを告げちゃいけないし、別れを受諾しちゃいけない。

第3限

「この人しかいない」を繰り返して熟れていくウチら

教科書には載っていない、けんかのやり方

〝いつもささいなことをきっかけに恋人とけんかになってしまいます。〟

学校で教わったのは、仲直りの仕方だけ。大切な人とのタイマンの張り方なんて教わりませんでしたね。

けんかが絶えないカップルは、

「結論はYOUからWEへ」
「不満はYOUからIへ」
「問いはWhyからSo whatへ」

言葉を変えるべし。

相手をどう変えるか、ではなくふたりの関係をどうアップデートしていけばいい

いかについて、焦点を絞って話し合ってみてください。

要因と対処法を結論づけるときに、**主語はふたりを取り巻く外部環境、もしくはふたりの関係性に限ること。**決して「私は〜だから」「あなたが〜すればいい」と個人を主体に語らないこと。

話し合いの途中で「あなたはいつも〜」「あなたの考えは〜」と相手自身を指摘して闘うのは、かしこくないですね。毛を逆立てて怒り散らしている人間の話なんて、誰も聞きたくないから。

不満を話すときは、怒りや悔しさをぐっとこらえて**「私」を主語に。**「私はこれが悲しかった」「正直、私はこうしたい」と語るようにしてみて。剣を置いて降参するように思えるかもしれないけれど、実際にやってみると面白いほど相手は真摯にこちらの話を聞くようになります。

そして、「なんで〜なの？」「どうして〜してくれないの？」のきっついWhyの繰り返しはやめてください。折り合わないところは諦めたうえで「私たちって、ここに関してはどうしても感覚が違うみたいね。じゃあ今後どうしていけばいいかな」というSo whatの問いに変えてみて。

そもそも好き合ってるはずの人とせっかくけんかして言い合うんだから、目的は**お互いのdisではなくふたりの問題解決**のはず。「じゃあこうしてみる？」の積み重ねで、ふたりの関係を更新していくしかないのです。

また、現状への不満や主張を「言葉を選びながら」ぶちまけること。建設的な議論がしたいのに、どうしてかヒートアップして相手を傷つけるための言葉を吐いてしまうのは本末転倒です。

鋭利な言葉でコンプレックスを刺激するのは、相手の体に一生残る傷あとをつくるのと同じですよ。

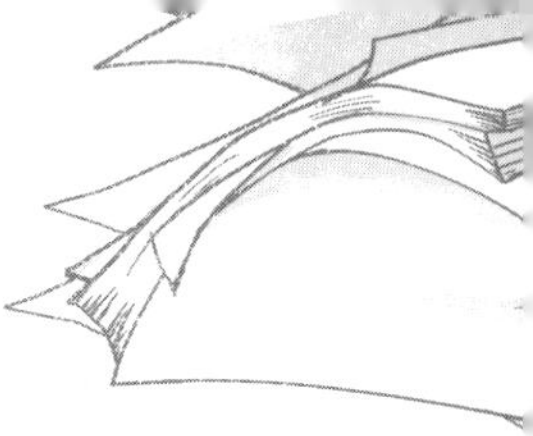

好きな人に変わってほしいなら
まず自分が変わるべし
あと忘れがちなのは一つ変えると
他の一面も変わってしまうこと
（ポケモンだって覚える技は4つまで）

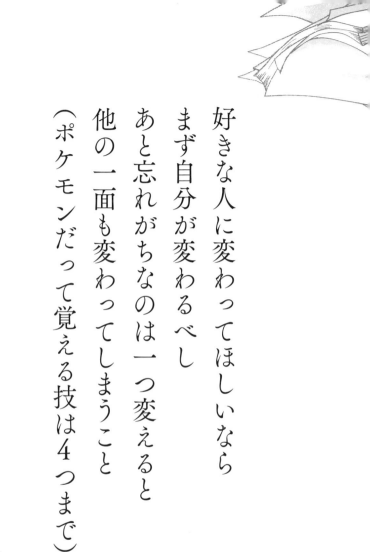

相互フォローは災いのもと

“彼氏がインスタに飲み会の写真をあげるとモヤモヤします。”

残念ながら、恋人同士の相互フォローは揉めごとにしかつながりません。

ツイッターでもインスタグラムでもフェイスブックでも。すべてのSNSは、ちょっとずつ気持ち悪いんです。相手の文章や写真に、隠しきれず漏れてしまった**自意識の染みが見えるから。**

SNSでの発信って、基本的には友人や世の中に言いたいこと、見せたいことを寄せ集めた仮装です。**みんな年がら年中、オンライン上で仮装大会。**ただの自己満足と主張する人もいるけれど、結局それも仮装です。

少なからず独占欲や理想を抱く相手に対して、恋人としてリアルに接しているのに、仮装を毎日チェックし合っていたら、徐々に関係はおかしくなっていくでしょう。

「何そのダサい吸血鬼の仮装！」
「なんで他の人とおそろいの仮装してるわけ？」
「えっあのアニメ好きなんだ」
などと文句の100個や1000個くらい言いたくなる。

そして見られている側からすれば、「いや知らんがな……好きにさせてくれ」と窮屈になるのも無理はない。SNS関連で揉める相互フォローの恋人は、お互いにその**仮装disり会**を定期的に開催しています。

恋人の発信を見に行って、「ほかの人とこんな場所に行ってるんだ」「ポエム語りキモ……」と心がざわつくのは、すね毛を剃ったらまた毛が生えてくるくらい自明の理。

恋人の中に潜む「こういう自分に見られたい」「みんなに知ってほしい」という、心の隙間から排出された汁をわざわざ確認しにいく必要はないでしょう。

そして揉めるのがわかっているのに、それでも**恋人の「すべて」を把握したいという人はいよいよ危険**です。

相手のすべてを理解したい、自分のすべてを理解してほしいという願望はきわめて傲慢で、絵空ごとにすぎません。よく、「好きな人の心の声をそのまま聞ける機械があればいいのに」と言う人がいるけれど、万が一実現したら地球上の全人類の心をぶっ壊す殺戮《さつりく》兵器になるので、国連からストップ入りますよ。

また本心とか本音とか、その人の核に関わる部分って、文字や動画におさまるほどきれいでもないし、つまらなくもない。リアルに見えることのほうがもっと面白い。**本当のことは、SNSの反対側にある**んですよ。

相互フォローは災いのもと。

対岸から仮装の姿を見てやきもきしている暇があったら、相手の隣に大至急飛んでいって素っ裸で抱き合えばいい。恋人なんだから。

もし彼氏とけんかになって
あなたが泣いても
抱きしめてくれない日が来たら
その関係は消費期限切れなので
腐ってドロドロになる前に
包んでしばって生ゴミへ

束縛の真の問題は束縛にあらず

“彼氏の束縛がどんどんエスカレートしていくのが嫌です。”

イソップ童話の『北風と太陽』をご存じでしょうか。

北風と太陽は力比べをしようということで、そばを歩いていた旅人を見て、「どちらが先に旅人のマントを脱がすことができるか」という勝負をします。

結果としては、冷たい強風で無理やり服をはぎとろうとした北風よりも、じわじわと気温を上げて旅人自らマントを脱ぐように仕向けた太陽に軍配が上がったわけですね。

似たような意味で“You can lead a horse to the water, but you can't make him drink.”(馬を水辺に連れていくことはできても、水を飲ませることはできない)というイギリスのことわざもあります。

親に無理やり勉強机の前に座らされても、授業中読んでいた漫画を先生に没収されても、結局頭の中ではどエロい妄想をしていたり、ノートの片隅に棒人間のパラパラ漫画を描いたりしていた私たちには身にしみるお言葉ですね。

つまり、**表面的に人の行動を制限しても本質的にはまったく意味がない**、むしろ逆効果なんです。

私の友人は学生時代に付き合っていた彼氏が好きすぎるあまり、どんな束縛も受け入れていました。束縛はどんどんエスカレートし、ある冬の日から部屋の柱にひもでつながれるように。スマホも財布も取り上げられましたが、1週間ほどたったところで彼の隙を見て、下着姿で近くの交番に駆け込んだそうです。雪が残る道を裸足のまま走り続けた彼女の話を聞いて、いや『奇跡体験！アンビリバボー』の再現Vかよと突っ込んでしまいました。

「そんな極端な……。私(俺)の束縛はそこまで激しくない」と鼻で笑う人も多いかと思いますが、実は軽度であれどんな監視も束縛も、それをした時点でお互いの絆を深めるどころか、関係を自ら踏みにじることになるのです。

人間は自我を持つ限り、人に言わないこと、言えないこと、言葉を尽くしてもわかり合えないものを持っています。恋人も友だちも、いっしょに住んでいる家族でさえ、秘密のない関係なんて存在しません。

もしあるとするなら、それは平等な恋人関係と呼ぶに値しない、安っぽい偽物です。すべて晒せ、すべて共有しろというのは、「あなたはあなたじゃなくなっていいですよ」ということ。

人に言わないことにこそあなたの〝核〟があるのです。

基本、ヤキモチは可愛いものです。私もハイパーヤキモチ職人なので、不満や嫉妬はなるべく素直に口に出すようにしています。

でも本音を言うと、相手のインスタのフォロー欄に、キャンディの包み紙ほどの表面積の布をつけたグラビアの子がいたらかなり萎える。

相手のフェイスブックに「誕生日おめでとう」コメントを残していた女子のプロフィール写真が自分よりはるかに上等な顔面だったらむせび泣く。

暴挙が許されるならば、彼が女のいる飲み会に行くときは首に私の似顔絵彫って「やべえこいつ」ってみんなに引かれてほしいし、街ですれ違った巨乳の女をチラ見した彼の横っ面をペンチでぶん殴りたいし、自分以外の女と同じ空気を吸わないですむガスマスクを特注したいし、自分より可愛い女を目にしたら自動的にモザイク加工されるカラコンを一生つけていてほしい（でもそんなことしたら彼は彼じゃなくなってしまう）。

ヤキモチは可愛いけれど、こんな本音をぶつけて言葉やツールを駆使し、相手の言動を制限しようと躍起になるのは**病への入り口**ですね。

せっかく築いてきた相手との関係を偽物にして終わらせようとしている――その異常性に無自覚な時点で、病です。

また、監視や束縛が相手の人生をおそろしく狭めてしまう、という不都合な真実についても、束縛魔は見落としがちです。

もしも相手に「男のいる飲み会に行くな」「〇〇と連絡とるな」などの行動範囲を制限されそうになったら、相手の顔をのぞき込んで、こうふざけてみてください。

「え〜ヤキモチ妬いてくれるの？　ありがとう……この友だちはこういう人でね、面白いし、たまに学びもあるから、今度紹介するね！　実は私もいつもヤキモチ妬いてるけど、束縛したら〇〇くんがこれから出会う何かを奪うことになるし、いつも我慢してるんだよ〜（ここで、すかさず抱きつく）」

訳すと「**私のことを縛った分だけの面白いもの見せてくれんのか？　それができないなら束縛すんのは手錠プレイだけにしとけ**」です。

幸せになれる人が当たり前に守っていること

①恋人のスマホは見ない

②裏垢でこっそり恋人の垢をフォローしない

③心がざわつく人とはSNSでも距離を置く

④たとえ大げんかをしても相手が朝帰りしても
太陽が西から昇っても恋人のスマホは見ない

サボり続けると、愛情は普通に死ぬ

〝マンネリ化しないためにはどうすればいいですか？〟

恋愛のときめきやドキドキは、脳内麻薬とも呼ばれるドーパミンの分泌により3年ほど続くとされていますが、その「ロマンス期」を抜けると愛情の形は変わってきます。

ふたりで時間を重ねれば、**放っておいても勝手に愛が持続するというのはよくある勘違い。**

何十年も年輪を重ねた大樹だって水がないと死んでしまう。
愛情だって生き物です。育てる気持ちを忘れたらダメになってしまう。
愛情の形の変化をふたりで受け止めつつ、「育てる気持ち」を忘れずに**〝水やりの努力〟**と**〝前向きな諦め〟**が必要なのです。

そして変わるのは愛情の形だけではありません。

年単位で付き合うと、必然的にふたりを取り巻く外の環境や、人生やキャリアのステージも変わってきます。自分自身や自分の周りが変化しているのに、ふたりの関係性だけが変わらないなんておかしいですよね。

関係や関わり合い方も常にアップデートすべきです。

彼と長く続けていきたいと思っているのなら、**付き合い方はアップデートされるもの**という前提をインストールしましょう。

愛の育成を心がけながら自分の人生とふたりの関係を更新し続けていれば、マンネリ化する暇などありません。

ウチらの心を引きちぎってくる「セックスレス問題」の本質

〝交際4年目、同棲して1年たつ彼氏と半年くらいレスです。自分から誘っても流されて、彼の隣で泣きながら眠ったこともあります。〟

セックスレスの悲哀の本質は**「〝ふたりごと〟として認識されない」**という悪循環構造にあります。遠距離やけんかなど、ふたりが腰を据えて話し合う問題とは違い、レスの問題は片方ばかりがもやもやを抱える状況が続きます。

自分は相手に求められない寂しさや情けなさで死にたくなるほどつらいのに、相手側はレス問題から目を逸らし、素知らぬ顔をしている……。

レスで別れた人は、別れの原因を「セックスできない」「女(男)として見られない」ではなく**「相手がいっしょに考えてくれなかった」**と語るのです。

実は、慣れからくるただの軽いマンネリ程度であれば、普段と違う香水や下着をまとってみたり、異性の話で嫉妬させたりすると、一発で解決します。嫉妬心や独占欲を刺激して夜の寝技に持ち込むのは、王道の手口ですからね。

今回フォーカスするのは、そんな刺激ではビクともしない深刻な場合。

まず、恋愛初期の身悶えするような興奮や高揚が落ち着くと、それに比例するように肉体関係や体の接触の頻度も減っていきます。特に同棲をするとこの傾向が顕著になりますが、夜の営みが減った現状に対しての人の反応は大きく2つ。

①現状を特に問題視していない（NOセックスでも関係は良好）
②現状に大きな不安や苦痛を感じている

ふたりとも①の状態であれば、今すぐ妊活に迫られている状況でもない限り、特に問題は起きません。ふたりが②の状態であれば、居住空間とコミュニケーションに変化と工夫を加えましょう。ただレスの原因はマンネリやすれ違いだけでなく、性嫌悪症、心因性ＥＤ、器質性ＥＤなど多岐にわたります。肉体や精神に根ざした原因であれば、薬の服用やカウンセリングが必要になる場合も。

地獄なのが①&②のカップリング。

レスの問題に悩んでいる人はほとんどがこのパターンに当てはまるのです。

最初のきっかけは、「(疲れなどの理由で)どちらかがセックスを断った」「ふたりの生活時間が合わずにすれ違いが起こった」「だんだん異性として見られなくなり、行為が減った」などのささいな変化から起こります。

そこから溝は深まっていき、気がつけば**「したい側」「したくない側」の間にはマリアナ海溝くらい深い溝が横たわっている**のです。

「求められない」「応じてもらえない」側の悲しみや自己嫌悪は、相手側に伝わることはない。人間として、女としての尊厳の柱がぽっきり折れたときには浮気に走ったり、相手と同じ空間にいるのも苦痛になったりするんですよね。

なぜこんな状況になってしまうかというと、以下のループで説明できます。

まず、セックスやスキンシップの頻度が下がった状況を受けて、ふたりのうちどちらかが「現状に大きな不安や苦痛を感じている」状態に陥ると、**A〝相手を求める（≒行為に誘う）〟**の段階に入ります。

そこで相手が求める側の不満に気づき、応じてくれたり求め返してくれたりすればいいのですが、なんらかの原因で**B〝行為をする気にならない・できない〟**になる場合、相手は徐々に申し訳なさや罪悪感とともに、**C〝プレッシャーを抱く〟**ようになります。

求める側もそのピリついた気持ちを感じ取り、いつのまにかふたりの中で性の話は**D〝タブー視〟**されてしまうのです。特に「なんでしてくれないの？」「もう私（俺）のこと好きじゃないわけ？」と責めるような口調で相手に迫ると、その傾向はいっそう強まります。

このA→Dを2、3周重ねるか、Dの期間を半年以上経てしまうと、気がつけば求める側だけがレス問題に苦しみ、相手は**レス問題に蓋をして目を逸らし続ける状態**に。

ふたりで話し合う機会すら持てなくなると、気持ちの行き場が完全になくなり、もう女として求められないのがつらいのか、スキンシップなどの肉体的コミュニケーションがとれないのが寂しいのか、相手がレスの問題から逃げているのが情けないのか整理もつかず、ぐちゃぐちゃになった気持ちをひとりで抱えて「とりあえずめちゃくちゃしんどい」しか考えられなくなります。

この負のループから抜け出すには、リハビリとして、**E〝話し合い・手始めのスキンシップ〟**にとりかかること。

「リラックスした状態」で行うのがポイント。できればふたりだけの空間で、飲み物や食べ物を用意してソファやベッドに腰掛け、相手の手を握りながら自分の気持ちや、現状への不満をフラットに伝えましょう。相手の目を見て、愛情と誠意を込めて。相手にも問題を自覚させ、セックスレスを**「ふたりの問題」として顕在化**させます。

ここでまた相手を追い詰めるようなことを言うと、プレッシャーにつながってしまうので、注意しましょう。

「現状に大きな不安や苦痛を感じている」

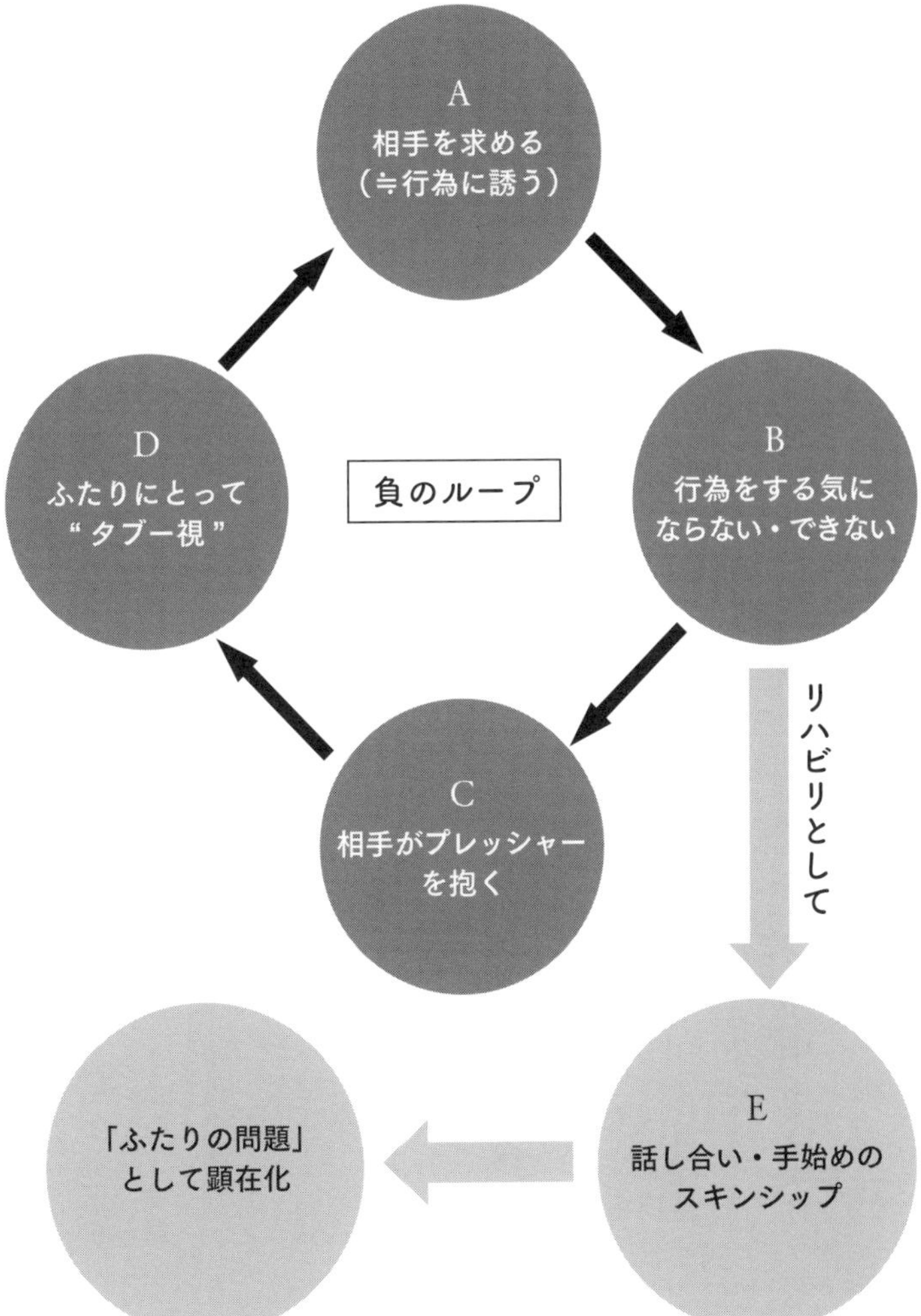

また、自分から**日常的にスキンシップを心がけてください**。流れで行為が始まることもありますし、日常的なスキンシップでこちらの心も満たされます。それでもダメだった場合、相手との対話で原因を突き止め、ふたりで対処法を探っていく段階に入ります。原因を突き止めるときは、相手の精神・肉体的な問題に起因する場合もあるため、できるだけポップに話すように。

（NG例）「勃起すらしないの？　私にだけたたないの？」

（OK例）「え〜、ぶっちゃけひとりではしてるの？　私はたまにしてるよ（笑）」

そして薬やカウンセリングでもダメならば、**ふたりだけのオリジナルの落としどころを設計していく**必要があります。

転職のストレスにより、相手がその気にならないとわかったカップルの場合。ストレス状態が落ち着くまでは、日々のスキンシップで我慢する方針を決め、1年ほどたったクリスマスの夜をきっかけに、セックスライフを再開しました。

夫側にもともと性欲があまりなかった40代の夫婦の場合。

パートナーとしては非常に仲がいいのですが、数年にわたりレスが続き、話し合っても解決しませんでした。そこで、子どもがある程度成長して親離れしたこともあり、休日は家族で過ごす、朝帰りはしないことを条件に、お互いに「家庭外彼氏」「家庭外彼女」をつくっていいというルールを定めています。

家庭外彼氏をつくった妻側は、長年抱えていた虚しさや悲しみがやっと消えた、と幸せそうでした。夫側も罪悪感から解放されたようです。

部外者から見れば奇妙なパートナーシップかもしれませんが、幸せを決めるのもふたり、考え抜いた末に答えを出すのもふたり、答えとともに生きていくのもふたりなのです。気になった人は「オープン・リレーションシップ」で検索。

レスの問題は「苦しんでいる側」ひとりの問題にされがち。

でも、片方が大丈夫でももう片方が大丈夫じゃないなら、それはもう「大丈夫じゃない」。ふたりで目線を合わせ、立ち向かうべき問題なのです。

それがいっしょに生きていくってことなんですよ。

ここが違う！　幸せな結婚ができる人とできない人

〝今、付き合っている人と本当に結婚していいのか迷っています。〟

私にも「人は幸せになるために結婚するのだ」と信じていた時期がありました。生まれも育ちも思想も違う赤の他人と半永久的な契りを交わすというエセ・ロマンティックな響きに勝手に騙されていた10代のころ。

20代になると「結婚」は違った顔つきで私たちを睨《にら》んできます。**「結婚は家と家のM&A」**なんていう迷言も現実味を帯びてきます。

突然、親知らずが疼くように、生理2日目に下腹部の内側からグーパンされるあの感覚のように、「結婚」の2文字は嫌な鈍痛を伴って、ズシンと私たちにのしかかってくるのです。

きちんと働いて、休日は友人や恋人と楽しく過ごし、〝普通〟に生活していればいつか結婚できる。というのは幻想で、**まともに生きている限り、結婚なんてできないもの**です。どこかおかしくないと、他人といっしょになんてなれない。

自立していて、気を許せる友人がいて、自分で生活する力がある人は、長期的に見れば結婚などせずに、ひとりで生きるほうがよほど気楽で自分のやりたいことも実現しやすいと分別がつくから。

そして周りの夫婦や〝元夫婦〟を見ていると、結婚とは「幸せは2倍、不幸は半分こ♡」なんて生ぬるいものではなく、「私、この人の業を背負って生きる覚悟があります」という〝**入隊宣言**〟だとわかってくるから。

「この人と結婚したら幸せになれそう」という自分本位の甘い希望だけで結婚に臨むのは、あまりに無垢で危ない。

どんなに心やさしい聖人でも、大富豪でも、ただの一般人でも、誰と結婚しても必ず問題は起こります。家族になると、相手のたまらなく嫌な部分が見えてきたり、相手の実家の事情、仕事の事情に巻き込まれたりします。そして相手のことも、自分の事情や迷惑ごとに巻き込むことになります。

婚姻関係はよく「法に守られること」と表現されますが、同時に**「法に縛られること」**でもあるのです。やむを得ない事情により相手が生活に困窮したときには、自分がなんとか助けなければいけない。相手が不正や過ちを犯したあかつきには、一家もろともその影響を受け、自分が相手のケツを拭く羽目になる。

結婚に踏みきれず慎重になっているなら、自分に問うべきは「この人となら幸せになれそうか」ではなく**「この人に降りかかる災厄もこの人が犯す失敗もいっしょに引き受けようと思えるか」**。

ここまで目を通して「うるせえ！　タイタニックでも戦艦ヤマトでも乗ってやる」と思えたなら、もう自分と彼を信じて船に乗り込んでみてはどうでしょうか。

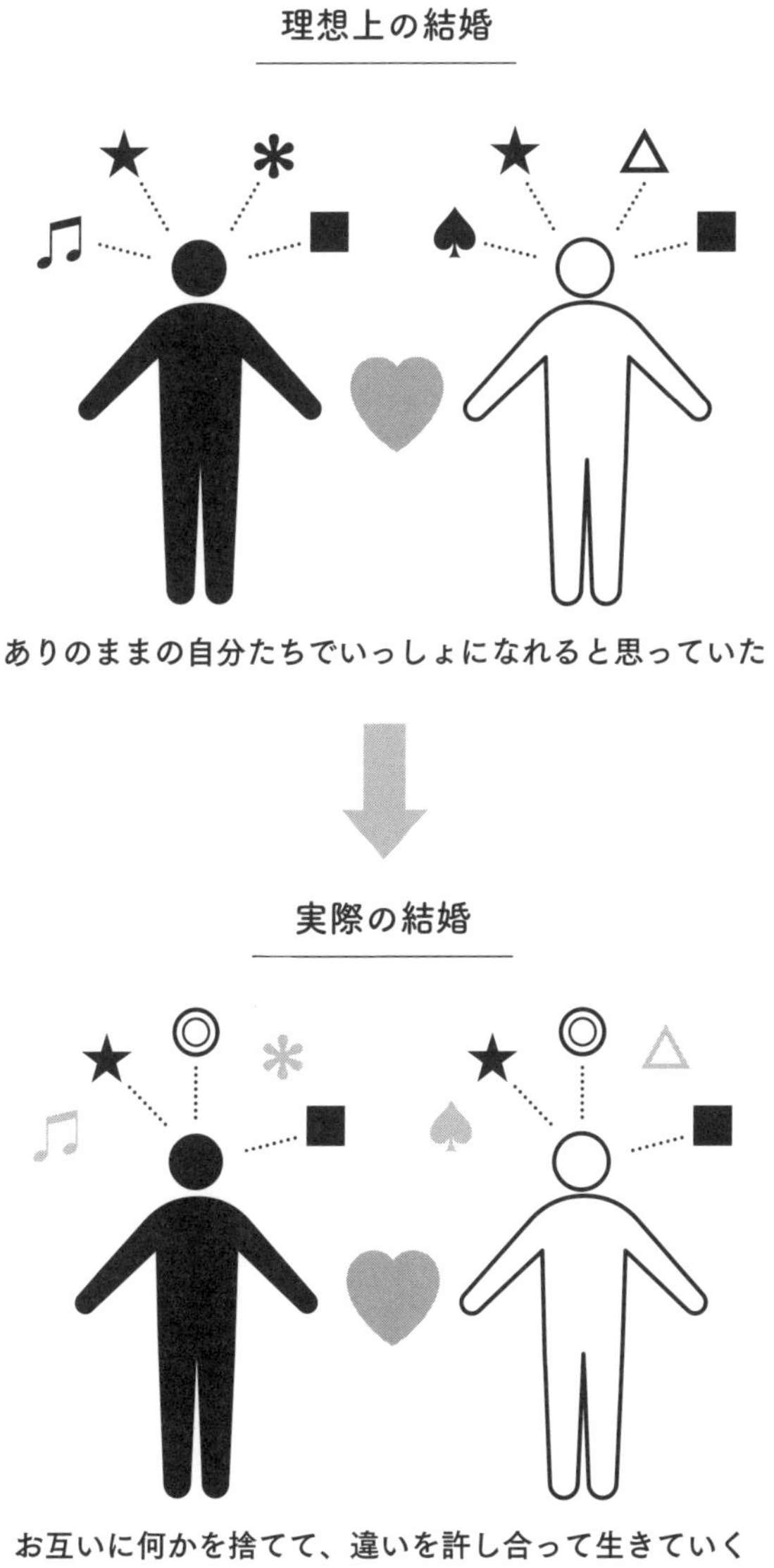
理想上の結婚
ありのままの自分たちでいっしょになれると思っていた
実際の結婚
お互いに何かを捨てて、違いを許し合って生きていく

婚活女子とそれ以外の全人類へのアンセム

〝周りが結婚し始めて焦ります。早く結婚しないといけないのでしょうか。〟

「クリスマスケーキ理論」というバブル期に流行った言葉を知っていますか？　イブとクリスマスには飛ぶように売れるけれど、25日を過ぎると割り引きされても売れないクリスマスケーキ。同じように、女性も25歳を過ぎると人気が下がり、売れ残ってしまうよ、という非常に失礼なたとえ話。

「いや今、令和なんだけど！　キモ（笑）」と一笑に付すこともできるけれど、妙に我々の胸に引っかかってくるものがありますね。

女性の社会進出とパートナーシップの多様化がようやく進んだ今の時代、結婚する自由と結婚しない自由、自分たちで結婚の形を選ぶ自由もあります。

平均初婚年齢も上がり続け、今や30歳くらい。

でも、**結婚への当事者意識や焦りのようなもの**を感じた経験はみんなあるのではないでしょうか。

今恋人がいればその人との未来を考えてしまうし、SNSには銘柄が一発でわかる箱に収められた指輪の写真がゲリラ的にアップされる。

おしゃれなビストロで開かれる女子会では、ワイン二口目から「マジ結婚どうするよ〜。結婚っている？」「60過ぎてもひとりだったら葉山かバリにばかデカい別荘買ってみんなで住も！」と結婚制度に対する懐疑の念と妄想の嵐が巻き起こる。地方出身の子の中には親や親戚に「あなたもそろそろ」と結婚を急かされるのが嫌すぎて、帰省を控える子まで。

もちろん男友だちの中にも、親や上司から結婚を迫られている人は多いようです。特に金融やインフラ業界、公務員の世界では、管理職以上は結婚しないと昇進に障るという暗黙の掟もあるらしく。「昔遊んでいた仲間が結婚して、もう夜にパッと集まれなくなった」という話もよく聞きます。

ただどうしても、結婚に関しては女性のほうが真剣に悩み、行動し、切実にとらえているような気がします。

誕生日のたびに「もう○歳か〜。結婚もそろそろ?」と謎の急かしをくらい、仕事の成果で褒められた二言目に「でも結婚とかって考えてるの?」という問いかけ。結婚すると、祝福の言葉に「子どもがいつほしいとか考えてる?」が添えられる。「ローストビーフには薬物とマッシュポテト」、**「節目には結婚と出産の話題」**と添えものが不文律で決まっているようですね。外野は「今日暑くない?」くらいの挨拶気分で添えてくるのだけれど、思わず皿の端によけたくなる。

このプレッシャーの背後には、2つの賞味期限が横たわっています。

賞味期限①需要問題:「若くて新しいほうがちやほやされる」という理不尽な真理を思い出すたび、すっと胸の奥が冷えます。大学のサークルにおいて、1女は不動のプリンセス。合コンでは、JDブランドが水戸黄門の印籠並みに権威を持ち、社会人のお兄さんたちは全員ひれ伏す。

当然ながら会社でも、新卒の女子がちやほやされる。ネットの記事でもドラマでも、**「女性の価値は年齢が上がるにつれて減少する説」「28歳の普通女子は35歳の美人よりモテる説」**が根強く残っていて、毎年誕生日を迎えるたびに、クリスマスケーキ理論を鼻で笑っていた自分じゃいられなくなってくるのです。

世界的に見てもアジア圏のロリコン嗜好は強いらしく、欧米、特にフランスやイタリアに住んだ経験のある子は、「日本(アジア)の年齢至上主義は異常」と口をそろえて言っています。

たしかに加齢とともに皮膚や筋肉は老化するし、「若い子最高! ハァハァ」とブヒブヒ鼻を鳴らす男性が日本に多いのも変えられない事実。

また、アラサー付近の女性の結婚願望の高まりを目の当たりにし、将来を気にせず気楽に付き合える20~24歳エリアの女性を狙う男性も存在します。

そしてオスは若いメスに惹かれやすい説を生物学的な観点から唱える学者もいますが、それは**もっとシビアな②の問題に起因する**のです。

賞味期限②出産問題：結婚に適齢期はないけれど、元号が変わっても制度が変わっても妊娠適齢期は存在します。年を重ねるにつれ、おなかの中にある卵子の材料ともいえる原始卵胞が減り続けると同時に、妊娠のしやすさも減少し、異常染色体の割合は増加するといわれています。

漠然と結婚への焦りを感じ(させられ)ている私たちが向き合うべき真の課題は①でなく②のほうです。

①に関していえば、希望はいくらでもあります。20代で仕事に打ち込むあまり結婚につながる恋愛をできず、30歳過ぎて結婚願望を自覚し始める男性もいるし、30歳を超えるともろもろの事情から離婚を選んだ**「バツイチ畑」**が姿を現す。

そして自分のキャリアアップや移住で環境が変わると、**出会う相手の質も量もガラッと変わってきます**。ボケーッとしているとただ老いていくだけですが、自分の努力と野心次第で、ロリコンブヒリ男(通称ロリブヒオ)以外の独身男性と出会うチャンスはいくらでもつくれるのです。

しかし②に関しては、自分の願望と人生設計に真摯に向き合い、**時間とメンタルとお財布が許す限り**20代のうちから対策しておく必要があります。

対策とは、自分（とパートナー）の気持ちと体の現状について知ること。さらに見えてきた問題に〝事前に手を打つ〟こと。

- **子どもがほしいのか、ほしくないのか、最低でも何人ほしいのか**
- **どうしても産みたいのか、養子という選択肢も考えるのか**
- **何歳で産みたいのか、子どもが成人するころの自分は何歳くらいのイメージか**
- **自分とパートナーの体は妊娠や出産に影響する疾患を持っていないか（ブライダルチェックを受けてもよし）**

これらの項目を「更新日時：現時点」として、定期的に自分の中でチェックするといいでしょう。とはいえ相手がいなければ結婚も妊娠も不可能なわけで、自分のキャリアのタイミングや実家の事情もありますよね。

そこで、今は無理だけど、将来子どもがほしい！という人の「手の打ち方」。

・自然妊娠の年齢と確率の関係、不妊治療の種類と概要を基礎知識として自分の中にインストールし、パートナーにも伝えておく

・打ち込みたいものがある人は、「○歳になっても恋人がいなかったら婚活を始めよう」と開始時期を定める

・結婚の予定はないが子どもは絶対ほしいという人は、卵子凍結を考えてみる

私の知り合いには、仕事も家庭も妥協しない、というパワフルな女性がたくさんいます。

「若い子はみんな今のうちに、仕事の自己実現とか留学をすませようとするけど、妊娠こそ若いうちにしかできないんだよね」と教えてくれた、仕事が好きすぎてほぼ週7で仕事をする一児の母(43歳)。

彼女は、仕事で掲げていた目標の達成と、海外移住も大恋愛も大失恋も経験した末に、30代後半で結婚しました。不妊治療を始めて半年、子どもを授かったのが41歳。そのパワフルなママいわく、32〜34歳のころから、周りで不妊に悩む既婚の友人が増えたそう。自分の妊娠は本当にラッキーだった、とも。

また、20代後半ですでに卵子凍結を考えている女性も。彼女は外資系の会社に勤めてバリバリ働き、今は米国にMBA留学中。30歳の誕生日に自分に卵子凍結をプレゼントして、若い卵子を残そうと画策しています。とはいえ、卵子凍結は採卵と保存に高額な費用がかかるため、35歳までには出産を終えたいと言っていました。

「今やりたいこと」と**「絶対いつか産みたい子ども」**を諦めない彼女たちは、パワフルなだけではなく冷静でもあるのです。

「女は若さが価値！」「まだ結婚しないの？」という野次よりも正しい知識と自分の願望に耳を傾けてください。

第4限

みんな人生1回目。

いつだって仕切り直してやるよ

「生まれ変わったら絶対また男。女の子って生まれた時点で人生の7割が決まるじゃん」

「人は女に生まれるのではない、女になるのだ」という言葉で約70年前の世の中に一石を投じたボーヴォワールは、歴史や社会の慣習、教育によってつくられた「女」を内面化し、女性が「女」になっていくことを暴きました。

現代社会においても、**「女を生きる」**ってまあまあタフですよね。幼少期のころから可愛い・可愛くない、やせてる・太ってるなどの謎のふるいにかけられて。SNSを開いても夜の街をうろついてもキャンパスを歩いても、自分より目を引くような可愛い子と無限に出会って。そのたびに羨望とどす黒い悲しみが胸に渦巻き、この自意識と一生闘っていかなきゃいけないのかって絶望するのです。

もちろん女の特権や楽しみもたくさんある。男ならではの苦しみだってあるでしょう。それでも女を生きるのは、すごくすごく面倒なこと。

とある飲み会で「生まれ変わったら男がいいか女がいいか」というくだらないテーマでゲームをしたのですが、せーので答えたら男子はみんな「また男」でした。理由としては、「男はどんなに無茶しても傷にならないから」「女の子は生まれた時点で人生の7割が決まるから」といううえげつない暴論ね。間違ってない。

悔しいけれど、どこか共感しちゃう自分がいる。男なら笑い話や武勇伝に昇華できるエピソードが、女なら一生許されない罪や傷になってしまうこともあります。外見に気をつかわないだけでマイナスイメージを与えたりもします。

ただ私は、**「女を生きる」面倒より、「女を生きる」楽しさに目を向けて**生を味わい尽くしたいと思っています。

人生はビュッフェみたいなもの。
苦労した分、いや2倍は元を取りたいからね。

「ナルミヤ戦争」

ときどき、名前に入っている〝ジェラシー（嫉妬）〟の由来を聞かれますが、人の容姿や境遇をうらやんで生きてきた自分への自戒の念をこめて名付けたものです。

〝ジェラシー〟は子どものころからずっと、私たちを蝕んでいるから。

私が小学生のころ、学校や塾の教室の片隅では無音の戦争が起こっていた。ナルミヤ・インターナショナルのブランドが大流行し、ナルミヤ族の子どもは5つの所属に分かれました。少女漫画でおなじみのウサギがメインキャラのメゾピアノをはじめ、パステルブルーのクマがトレードマークのポンポネット、ナカムラくんという謎のキャラが立っているレインボーのエンジェルブルー、オレンジ色の猿のデイジーラヴァーズ、もう少しクールな印象の猿のブルークロス。

3万円を超えるコートや1万円もするTシャツをぽんぽんと買ってもらえる家の子は、ヘアゴムから靴まですべてナルミヤ。親にナルミヤの服を買ってもらえない子や、控えめな子は筆箱やシャーペンなどの文房具で、小さく主張し続けるしかありません。

前者の子は王道のふりふりピンクのメゾ ピアノ村・上品なお嬢様キャラのポンポネット村・派手でカラフルなエンジェルブルー村の3つの村のどこかに所属し、後者の子は、あまり人とかぶらないやんちゃめなデイジー村、モノクロや迷彩の多いブルークロス村に属しました(ちなみに私はデイジー村民)。

とりわけ塾には、いつ見ても**ナルミヤで全身武装**(推定10万円程度)している子が多く、決して声には出さなかったけれど、猛烈にうらやましかったのを覚えています。

どうしてこんな話をするかというと、子どもたちのプライドと主張をかけたみみっちい戦争は、20代の今もずっと延長されているから。

いや、さらに熾烈さを増したかもしれない。

まずは**持ちもの**。20代のうちに四つ葉のネックレス（ヴァンクリーフ&アーペルのアルハンブラ）を首から下げられるかどうか。遠くから見ると無愛想な顔に見える逆台形のバッグ（セリーヌのラゲージ）を片手に出社できるかどうか。ディオールのブックトートを片隅に置いた〝作業中〟の動画をインスタグラムにあげられるかどうか。そしてその定番アイテムの資本金は、親の財布から自分・彼氏・パパの財布に変わりました。

もちろん、これらのアイテムを身につけるかは資本金だけでなく、個人の好みやポリシーも反映していますが。

次に争いの要因となる資源は、**自分のステータス**。どんな会社に就職し、どんな人といっしょに仕事をしているのか、今後どんなキャリアプランを描くのか。

最後に、**自分のライフスタイル**も。とりわけ週末のインスタグラムは、**個々の主張や理想像のごった煮と化す**。左ハンドル車の助手席から景色をお届けするか、一棟まるまる貸し切った温泉宿から新緑を写すか、近所のシーシャカフェで筋肉隆々の彼(もしくは彼に準ずる者)を背景に添えてくすぶる煙を動画におさめるか。パーソナルジムを終えてプロテイン片手に土日出社……という仕事で充実してますブランディングも一興。

20代前半は、特にこの戦争が激しく、私の周りでは、「あの子の彼氏、ビーエム(BMW)買ったよね」「この子、私と収入変わらない、ってか私のほうがむしろ稼いでるのに、なんでこれ持ってるの～」という会話が酒の肴として繰り広げられていました。**くだらないヒエラルキーや派閥の主張ごっこ**を私たちはいまだに続けているのかと思うと、おかしくて、真っ暗な気持ちになる。

収入源不明の女子たちが、毎月のようにブランドバッグやファーストクラスのラウンジの写真をあげているのを見ると、堂々とメゾ ピアノやポンポネットやエンジェルブルーを着られる女の子だったのかしらとナルミヤ戦争が思い出されるのです。

ただの欲張りで平凡なガキは東大に行くしか能がなかった

「なんで東大入ったの？　勉強したら入れちゃったの？（笑）」
この質問をされると、私はいつも困ります。

「もっと面白い人たちに会いたいから」
「いろんなものを学んだ自分に出会いたいから」
「何者かになるきっかけに満ちていそうだから－!!」

こういった本当めいた理由は答えられるけれど、まっ先に思いつく理由はあまりにも幼稚で恥ずかしく、多くの人に申し訳ないので到底言えません。

本音を言えば、**上に行きたい、お金持ちになりたい**という浅ましいカスみたいな理由でした。しかもありがち。

そのきっかけは、親の事業が失敗し、暮らし向きがガラッと変わったこと。そのとき、母親に軽く言われたひと言が深く胸に刻まれたのです。

「あなたが貪欲じゃなきゃこんなこと言わないわよ。もしお金に余裕のある生活を望むのなら、自由に生きたいのなら、上をめざしなさい」

年に2回海外旅行をして、大好きな本や漫画や音楽に好きなだけ触れて、その日食べたいと思ったものを味わう余裕。これが私にとって「あたりまえ」の豊かさだと感じるのなら、まずは自分の足でその生活が**「あたりまえ」となる場所**まで上らなければいけないんだ……と気づいたのです。

だってそんな暮らしは全国を見ても(世界はもちろん)ぜんぜんあたりまえじゃないから。そして、私には後ろ盾(実家)がなくなったから。

ピアノや水泳などいろんな習いごとをしたけれど、どれも才能はなかった。長年続ける執念もなかった。

平凡な人間がどこかで上に行くには、手段は限られているのです。

小学生の私は、いちばんオーソドックスでつまらない手段、でもいちばん大勢に開かれた手段で上ってみるしかないかあ、とぼんやり思い、なんとなく〝イイ学校〟を意識するようになりました。

実家ガチャにも容姿ガチャにも才能ガチャにも恵まれなかった人間は、東大に行くしか能がなかった。ただそんなさえない下心を抱えた私が大学で出会ったのは、スポーツや音楽でプロの道を見すえて上京してきた人たちや、人生で大きな寄り道をかましてから入学してきたアナーキーな人たち。

そして人徳まで備わっている彼らに好奇心や劣等感をくすぐられながら、私は本物の豊かさとか自由だとかを求めて今もじたばたしています。

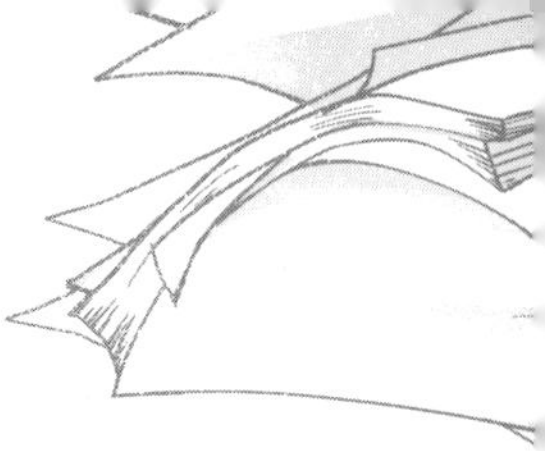

人生の岐路に立ったとき
選んだ選択肢が正しいかどうかより
正しくなかろうが
腹くくって突き進めるかを自分に問うべし

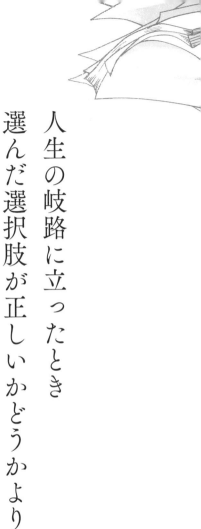

普通だとか変人だとかの呪縛

「くるみは変わってるから」

いい意味でも悪い意味でも、人生の中で何度も言われてきました。

「お前はいつかヘンテコで面白いことをやってくれるんじゃないかって、期待してるぞ！」というのは、高校の卒業式で体育の先生に言われた言葉。

毎年みんなにかけている言葉なのかもしれません。それでもうれしかったし、それから何回も思い出すし、思い出しすぎて胸に刻まれてしまった。

ずば抜けた感性も根性も持たない私のような凡人が、周りから愛のこもった〝**変人いじり**〟をされるとどうなるか。それは〝**呪縛**〟になります。

自分は人と違うのだという甘い優越、特別感に一瞬ひたっても、何も成し遂げられていない現実が重くのしかかる。もっと面白い、誰も予想がつかないような突拍子もない人生を創造して実現しなければいけなかったのではないか……と過去の選択への疑念と不安がわき上がって、手足に絡みつくのです。

私よりはるかに「変人」と言われてきたであろう親友に問いかけたことがある。「変わってるねって周りから言われ続けるとさあ、結婚相手も普通の人はダメで、変な人と結ばれなきゃいけないんじゃないかってプレッシャーない？」

私が言い終える前に、相手は首を縦に振りまくって「わかる、わかる……」と泣きそうな目で共感を示していました。

でも「普通の人」って何？　「変わってる」って何？

だいたいの場合、出会ったことのないような、つまり**遭遇頻度の低い、特殊な何かについて「変わってる」**といいます。でもその何かは、職業やステータスなのか？　思考？　容姿？　たしかに傭兵とか宇宙飛行士のような、普段なかなか会わない職種の人は「変わってる」といえますよね。

でも、「普通に」サラリーマンをやっている人の中にも、面白い意見や変わった趣味を持っている人はいます。とんでもない性癖を隠している人もいます。

友人たちを思い浮かべると、頭がぶっ飛んでるド変態の数人を除き、みんな自分の個性や矛盾を認めているから、「変わっている」し、面白い。

「人と違っていなきゃ」という呪縛は、アイデンティティを問う沼への入り口。沼にハマると、自分の中にあるはずのきらりと光る思考や感性をかすませ、「なきもの」にして潰すことになります。ダメな部分も個性だと受け入れることができて初めて、自分だけの魅力的な矛盾や人間的な旨味が染み出してくるのです。

もし、普通だとか変人だとかの呪縛にかかってしまったら、これだけは思い出してください。

自分で自分をバカにする人生ほど悲惨なものはありません。

「あの子はこれを持ってる」
「あの子はこんな暮らしをしている」……
〝「あの子は」祭り〟になったとき
ひと息ついて自分に言い聞かせる

他人の価値基準をダウンロードして
容量パンクしそうなの、冷静にクソダサい

知らないと損！　港区砂漠の活用事例

大学時代、実家住まいの私にはシンデレラもびっくりの「夜10時半までに帰宅」という謎の掟がありました。

それは成人までの期限付きでしたが、20歳になるまで同窓会・合宿など特殊な事情がない限り外泊はおろか終電帰りも認められず。18歳で初めて六本木のクラブに行ったときも、入店が早すぎる私たちにスタッフがお情けで出してくれたポテトを食べた記憶しかありません。

成人を迎え、恋愛の傷で心がぐちゃぐちゃになっていた私は、気晴らしも兼ねてクラブに通い詰め、文字通り「踊り明かす日々」を送りました(恥)。

フロアで踊っているとお客さんやスタッフの人にVIP席に呼ばれることがあるのですが、ここでテレビ局のプロデューサーや某アパレルメーカーの社長と知り合い、そこから芋づる式に合コンやパーティーに招かれるようになります。

男性側としても、東大や早慶に通う身元の知れたJD(笑)と飲めるのはちょうどよかったのでしょう。

そうして遊び呆けているうちに、芸人の誕生日パーティーや野球選手との合コンみたいなちょっと派手な場に行くことも増えてきました。

ただいちばん楽しかったのは、間違いなく「いつもの女子VS○○」でストイックに飲酒とカラオケにいそしむ合コンでしたね。大抵、○○にはサラリーマンが当てはまるのですが、圧倒的に沸いた会は商社か広告代理店……。

はたと気づくと世間に**「港区」「港区女子」**というラベルが生まれていて、飲み会の場で「港区女子（笑）」と言われるたびに、消えたくなりました。

港区にはきらめくゴミがたくさん落ちています。

ひとり、飲み会のドン——女衒《ぜげん》のような人と連絡先を交換すると、毎週のように「○○社の■■さんと飲むんだけど来ない？」「俳優の○○来るって」という黒い誘惑が来ます。

素通りしてしまうようなビルの地下には、入り口から想像できない噴水があったり、落ちてきたら一発で死ぬような巨大シャンデリアが吊るされていたり。ときどき、頭蓋骨がこぶしほどの大きさしかないアバターのように美しい女の子がニコニコと座っていて、自分の月収をはるかに上回るシャンパンやワインがあけられることも。

ごくたまに面白い人に出会って、ごくたまに信じられないような別世界の話に出会うけれど、そんな飲み会に1000回以上足を運んでも、いまだに仲がよくいっしょに飲みに行く人は数人にも満たないですね。ほとんどの人は、一度きりしか会わずにLINEの友だち欄に「慶一郎　▲歳　〇〇の経（経営者の略）」と**のっぺらぼうの名前と文字列が増えるだけ。**

大学のころはOB訪問も兼ねて足を運んでいましたが、非日常や刺激が日常化してしまった近年は、たまに足を運んでも何が楽しかったんだろう……とふと虚しくなります。

親しくもない初対面の男性に、無遠慮に若さや「女」を求められると、ウッとな

ります からね。**そういう会はソッコーで回れ右して帰ったほうがいい。**

そのどろっとした空気に慣れてしまうと、自分や友だちが楽しめたかどうか、面白い話があったかどうかではなく、使ってもらったお金と飲む相手のランク（知名度とコネと見た目）だけで場の価値を測るようになります。同時に、**その卑しいものさしで他人を判断する**ようになっていきます。ドラゴンボールのスカウターのノリで「こいつの戦闘力はたったの5か……ゴミめ……」みたいにね。

その偏った目盛りがあたりまえになって、**港区スカウター**で自分の価値と幸せを定義し、それに沿った言動しか自分に許せなくなるという泥沼にハマった女の子たちをたくさん見てきたので、注意してください。

六本木動物園や西麻布遊園地で遊び散らかしている10～20代の女子は、若さを消費して何を得られるのか、惰性で続けていないか、自分の心に欺瞞《ぎまん》はないか、胸に手をあてて考えてみてね。

花開くのは努力だけじゃない
歯を食いしばって踏ん張った時間も
自分の血肉になっていつか実る

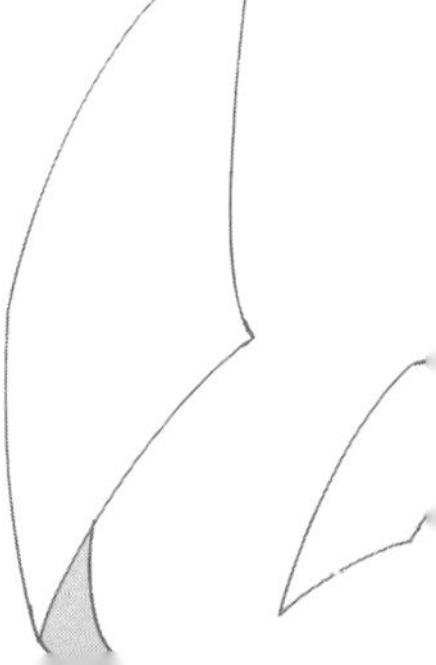

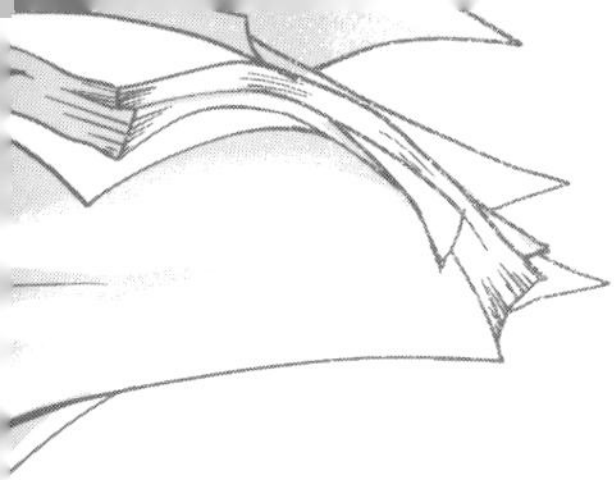

「解釈」のフィルター次第で
世界の顔つきはがらりと変わるの
クソみたいな不条理や悪意に
魂を殺されずにすむ

しょせん地球はひとつだけど
自作フィルターは無制限

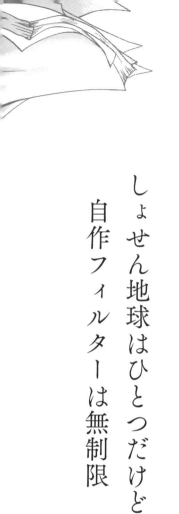

大人はしんどい。今夜も自意識クライシス

大人になるってひどく残酷だ。

フランスの哲学者サルトルが「人間は自由の刑に処せられている」と唱えたように、「私」とは誰なのか常に問われ続け、選択も責任もすべて背負っているというのは、なかなかにしんどい。「私」をたしかなものにできるのは自分だけです。

小学生のころは鼻たらしながら好きなだけ趣味を楽しんでいれば、大人たちが新しいエンタメや遊び場に連れて行ってくれた。

中学生のころはイキり倒しながら親や友だちと揉めては反省し、ふくれ上がる自意識と闘うのに毎日必死で。

高校生のころは遊びに行ける場も増えてきて、将来のこととか一丁前に考え悩んで思いっきり恋して思いっきり失恋して。

そのうち大学や専門学校に入ると金銭感覚が一桁ぽんと上がり、わけもわから

ず遊びまくり、酒と性愛におぼれ、前後不覚のまま授業に出たりして。

向こう岸に「社会人」が見えてきたあたりでゆるんでいた頭を締め直すけれど、今までは選択式だったところが、いきなり回答欄がフリーアンサー形式になっていることに気づき、「これ今までの試験と違うんだけど（笑）」と焦りながらも、半年かけて答えを埋める。

でも社会に出ると、さらに世界は複雑化します。同期の能力値や友人の持ち札と自分のそれを比べては、**強烈な劣等感に襲われる。**

さらには、いきなり転職や移住や社会人留学、結婚、出産、親の介護、突然の病気なんていう**未知なカードが出まくって苦しむ羽目になる**のです。

テレビをつけてもスマホを眺めても、「あなたらしい生き方を応援します！」「あなたが輝けるキャリアを！」と、自分探しのバーゲンセール。

日中パソコンとにらめっこしている私も、デートに向けてメイクの研究をしている私も、酔って転んで膝を擦りむいた私も、全部私なんだけど……と思いながら顔を背けることもあります。

社会に出るというのは、いきなり大草原に連れて行かれ、こんなことを言われて放置プレイをくらうイメージです。

「はい、今から時間無制限で自由にこの場所で表現してみて。絵を描いてもビルを建てても踊ってもいいから。表現の型は複数あっていいし、放棄してもOK。ちなみにあなたがサボっている間に周りの人は製作を進めているわよ!」

いやいや、**死ぬまで点数がわからないどフリー演技とかしんどすぎ……。**

どんなステータスを得ても小さい成功を摑んでも、「で、私は何者なんだ」と誰もがぶち当たっている**自意識クライシス**に陥ってしまうのです。

もしかすると、大人の人生にのしかかる謎のプレッシャーは「特別な人間であるはず」という私への過度な期待なのでしょうか。

まるで**私自身が私の毒親**になっている感覚。

そんな自意識クライシスを脱するには、なにかに夢中になる瞬間が必要です。没頭しているときは他人からのまなざしも、自分が自分でいることも、全部忘れられるから。

その時間だけは、ゲームの無敵状態みたいな感じで、自意識や未来への不安を一掃できるのです。

理想の「私」を探し続けるには、ちょっと人生長すぎる。「私」を手放す時間は多いほうがいいのです。

大丈夫、あんたの短所ぜんぶ魅力のB面だから

失敗には2種類あります。

ひとつは、ほとんど偶然ともいえる、自分の不運や稀のケアレスミスで起こってしまった失敗。もうひとつは、その背景に自分の特性や短所が根深く関わっていて、**人生で何度も起こしてしまう失敗**です。

前者の傷は軽く、一瞬焦るものの長くは引きずりません。

しかし、後者の傷は深く膿みます。

焦りよりも先に「ああ、またやってしまった……」と自己嫌悪にも近い〝気づき〟が降りてきて、今までで同じようにやらかした失敗群が頭をもたげてくる。「昔こんなこともあったね！」「お前はこんな失敗もしたぞ！」と過去の失敗たちが勝手にアピールしてきて、真面目な人ほどこの声に長々と苦しむことになる。

ひとつの失敗により引きずり出されてきた過去の失敗たち――**失敗ゾンビたちにボコボコにされて**立ち直るまでには相当な時間がかかるでしょう。

「なんで私はいつもこうなんだ」「周りの人ができるのにできないんだ」「周りの人がしないことをしてしまうんだ」と今まで何度も繰り返したはずの自問自答をまたやる羽目になるでしょう。

そんな自問自答もせずにふたつ目の失敗を「わはは、またやっちまった」と笑い飛ばせるようになりたいものだけど、そんな人はよほどの聖人か危険人物かのどちらかです。

常人の私たちが心を鎮めるために、ひとつだけ思い出すべきことは、**人の特性や特徴はすべてコインのようなものだ**ということ。

そして、長所と短所は必ず二面合わさって存在するということ。

短所がないところに魅力は生まれません。

たとえば、繊細で傷つきやすく、メンタルが下振れしやすい人は、周りの他者の痛みにも敏感で、本当のやさしさを知っています。

人からの評価や悪口に左右されることなく、自分の意見を持っている人は素敵だけれど、かなり頑固で融通がきかずに周りの人をイラつかせることも多く、敵も多いです。

頭の回転が速くて弁も立つしっかり者の人は、ときに「隙がない」「可愛げがない」と警戒される、など。

私の場合、初対面の人にとある質問をしてしまい、場の空気が凍ったことがあります。数分たってから、その質問がいかに無神経なものだったか、相手を傷つけるリスクをはらんでいたものだったかに気づき、自分のデリカシーのなさを呪いました。

好奇心からした質問や軽いノリでした発言が、意図せず相手を傷つけたことは今までもありました。思ったことを相手にぺらぺらぶつけるなと何度も自分に言い聞かせたはずなのに。

その夜、情けない気持ちに耐えられず泣きながら友人に電話をしました。

「人の心に土足に入っていく、人のあらゆる部分に興味を持てるのはいいところだよ。そういう、人の懐に入るのがうまいおかげで私はあなたと仲良くなれたし。**今回はたまたま、それがぽろっと悪いほうに出てしまっただけ**」

開き直ってはいけないと思いながらも、その夜は友人からもらった、このあたたかく冷静な言葉に救われました。

これからも私は何度も失敗して、そのたびにいろいろな失敗ゾンビたちに襲われることでしょう。

でも、この言葉を忘れない限り**ゾンビたちには負けない**、気がしますね。

「幸せになりたい」に仕掛けられた罠《わな》

劇作家、メーテルリンクによる『青い鳥』という有名なお話があります。

チルチルとミチルという貧しい兄妹が青い鳥を探し求める旅路の物語。

魔法使いのおばあさんから「孫娘の病気を治すために『幸せの青い鳥』を見つけてきてくれないか」と頼まれ、さまざまな国に旅をするけれど本物の青い鳥は見つからない。がっかりしたふたりがお母さんの声で目を覚ますと、部屋の鳥かごの中に青い羽が入っていて、家で飼っていたハトが「幸せの青い鳥」だったと気づく、という物語です。

この話の教訓について**「幸せは実は身近なところにある」**と知られていますし、私もずっとそう思っていたのですが、実は原作には続きがありました。

最後に青い鳥は飛び立ってしまい、チルチルの〝どなたかあの鳥を見つけた方は、どうぞぼくたちに返してください。ぼくたち、幸福に暮らすために、いつかきっとあの鳥がいりようになるでしょうから〟(モーリス・メーテルリンク著/堀口大学訳『青い鳥』新潮社/1960年)という悲痛な叫びで幕は閉じるのです。

「幸せな人」「幸せな家庭」「幸せな結婚」「仕事の幸せ」「幸せな暮らし」。「幸せ」という概念(言葉)を知らなければ、幸せに生きられるのに……と思うことがあります。幸せでない状態は「かわいそう」で、**世間に幸せを選ばされている**ような気がするからです。幸せという言葉には罠が潜んでいる、とも。

ただ、ニヒリズムに陥りがちな私なりに見つけた大きなヒントは、**〝持っている人〟よりも〝手放している人〟のほうが幸せを感じやすい**ということ。私の目に映る幸せ(そう)な人、不幸(そう)な人の大きな違いはたったひとつ。捨てるものを自分で決めてきたかどうかです。

人生の中でいくつも手放し、諦め、オリジナルの厳選を重ねてきた人か。

信念を貫くために人から好かれることを手放した人、夢を叶えるために大好きだった家族と地元を離れた人、憧れていた仕事が諦めきれず、今ある年収や地位を捨てた人……。

反対に自分の中の幸せが見つからない人、幸せじゃないと感じている人は**外のノイズに惑わされ、数多の欲望に翻弄《ほんろう》されている**ように見えます。

こんなもの、あんな暮らし、仕事のやりがい、人からの評価も安定もすべてほしい。でもすべては手にできなくて、もどかしくも腹立たしくもあり、いつも他人と比べてばかり。ほしかったものが手に入ると、次の日にはまた他のほしいものが出てきます。

人の欲望は底なし沼。

自分にとって**真の「快」や「正しさ」**を知っている人が、この世にどれだけいるのでしょうか。

「私は幸せになりにくいかも」は、「私は幸せを感じにくいかも」とほぼ同義ですが、心の底でうっすらと、そう思っている人は、数年かけて「いらないものフォルダ」の整理をするといいと思います。私は普段からものも欲望も捨てられないタイプだと自覚しているため、「全部いるもの派」の代表の座を早く降りようと、**定期的に部屋と心の片づけを心がけています。**

世間でいわれる「幸せが詰まっていそうな」もの・ことに安易に流されず、自分という密室の中で欲望の片づけを繰り返すことが、幸せを知るすべなのです。

たぶん、**幸せな人の両手にはひとつかふたつしか入らない。**

「お世話になった人には絶対恩返しする」と密やかな目標でも、「忙しさや人間関係に心を殺されず、健全な精神でいる」という状態でも、「毎朝、一杯のコーヒーを淹れる」という習慣でも、あなたが選べる幸せは限られている。

メーテルリンクはどうして青い鳥を飛び立たせたのでしょうね。

青い鳥はもういらないよ、というやさしいメッセージなのか。青い鳥に代わる何かを一生かけて探し出せ、という子どもたちとの約束なのか。

自己肯定感の低さは自分への期待の高さ

二十数年の人生の中で、いろんなものを与えてもらい、手に入れてきました。そしていろんなものを捨ててきました。

理不尽さの中で培った強さ、一生分の涙をからした恋、体力が尽きるまで遊んだ夜(&朝)。あと周りの人からのバカ深い愛情。

年を重ねるにつれ、自分は恵まれているのだと思えるようになりました。

それでもまだ、毎日のように、人と比較して勝手に悲しくなり、怠惰で可愛くない自分のことが嫌いになり、違う自分になりたいと嘆く夜が定期的にやってくるのです。

どちゃくそ惨めなナイトルーティーン。

でも最近やっと気づいたのは、この中途半端な自己肯定感の低さは、自分への期待の高さだということ。

きっかけは、うじうじ症の私を見かねた友人のひと言です。

「自己肯定のレベルを下げればいいいんだよ。**私なんてどうせこう、でもこんなもんでいいじゃんって**」

その言葉に、思わず赤面してしまった私。

実態にそぐわない、未来への自己評価が高すぎるだけじゃん。

自分に期待して自分で首絞めてただけじゃん。

その考えをインストールしてからは、自分に対して悩む頻度が減って楽になりました。

「自己肯定感の低さは自分への期待の高さ」

胸に刻んどこ。

心の周りにチンピラとギャルとカウンセラーを

心のかたちをイメージしたことがありますか。

私が想像するのは、胸のまん中に位置する丸い半固体・半液体状の物体。悲しいことがあると、紙で深く切られたかのように本当にズキズキと痛むし、好きな人にハグされるとじんわり溶け出すような。

その丸い心を取り囲んでいるのが**私のチンピラとギャルとカウンセラー**、この三銃士です。

誰かからの明確な悪意や、ふいに起こるアンラッキーな出来事に凹んだときはチンピラが**大声で暴言を吐いて(脳内で)対象をぼっこぼこにして**、私をまもってくれます。

なかなか勇気が出ないときは、ギャルが「とりま今に全集中！　ムズいことはあとで！」「え、他人の声気にしてんのダサくない？」と自分にとって**本質的なものを思い出させてくれる**のです。

ネガティブな気持ちで心が覆われて、1ミリも動けないときは、カウンセラーと会話することでひとつひとつ原因がひも解かれていきます。もしくはカウンセラーに「**今日はおいしいもん食べて10時間寝てください**」と処方されるので、その通りに甘えてみます。

自分の心を、何にまもらせるか。
その設定次第で、人はいくらでも強くいられる。

「あいにく私は非売品」

「あいつは可愛い」「あいつはブス」
「女のくせに」「女らしくない」

などの軽口の服を着た呪詛《じゅそ》にさいなまれながら、私たちは苦々しい思いとともに少女から〝女〟になる。

物心がつく前に自由だったはずの心は、誰かに品定めされた瞬間に、**〝女〟という性を背負わされる**のです。

男性は「見る性」「消費する性」、女性は「見られる性」「消費される性」だと定義され、つい最近までは大部分の社会で、そのゆがんだ構造が黙認されてきました。いくら法律が変わろうが、運動が起ころうが、根深く残っている意識のせいで、私たちは気づかぬうちに、その男性目線の評価基準を自分の中にインストールしています。

男性から見て、「イイ女」であるかどうかを自己採点できるように。さらなる不幸は、その目線のまま周りの女性も審査してしまうこと。

そんな呪詛をはらうおまじないとして、「私は非売品」と唱えてください。油断すると、勝手に誰かの「商品棚」に並べられてしまうけれど、あいにく私たちは、**ひとりひとりが非売品。**誰かに品定めされる筋合いも、所有される道理もない。そして、誰かを自分の棚に並べて評価する権利もない。

だから頼んでもいないのにジャッジして、不当な点数をつけてくるような「自称・辛口審査員」は全員椅子から蹴落として、「非売品には指一本触れるなよ」と中指を立ててあげようね。

学校では教えてくれない残酷な真実

義務教育で国語・数学・理科・社会・英語の5教科は教わりますが、**人生の序盤は実家ガチャとそれにもとづく情報戦**だという**残酷な真実**は告げられません。

勉強も部活も習いごとも、「何かに集中できる」という環境がどれほど恵まれていることか。

私たちの進学や進路は、自分の努力と選択で切り拓いてきたように見えても、実は親の最終学歴と世帯所得、生まれた地域に大きく左右されています。そして経済力だけでなく、親のリテラシーやコネによって、子どもが受けられる教育や視野に入ってくる進路が変わってきます。

また、たとえ両親が大卒で裕福な家庭に生まれたとしても、虐待や家庭不和に苦しんで進学を自らドロップアウトしていく子もいます。

同じ都内の中学でも、私立の学校ではほぼクラス全員の家にピアノがあったり、幼少期のころから家で読書の習慣がついている子が多かったりします。

一方、公立の中学では、高校など行かず働いて家計を支えるよう指示される子もいれば、家に勉強机も本棚もなく、下の子の面倒を見なければいけないので、勉強なんてできたもんじゃないという事情の子も。

何かを学ぶ文化や習慣がない家に生まれた子の大半は、その環境をあたりまえとして受け入れ、**「そうじゃなかった場合」を想像する力さえ持たず**に生きていくしかない。社会的に弱い立場の人に対する社会保障制度や支援するNPO法人もありますが、その存在を知らない限り、差し伸べられている救済の手にもアクセスすらできないのです。

決して私立への進学を推奨しているわけではないです。現実的には同じ学校の中でも(東大でさえ)家の社会階層の違いや文化資本の格差は如実に存在します。

これは極端な例ですが、小6で親とその仲間の影響で薬物に手を出し、行方不明になった子もいれば、中学のころから万引きや性的暴行まがいのことをしていても、親の権力のおかげでもみ消してもらい、中高大と退学になることもなく、エスカレーターで進学して一流企業に就職できた人もいました。

社会は私たちの肌感以上に**アンフェアで理不尽**です。理不尽の嵐に晒されながらも、私たちがたくましく生きていくためには、知恵がいります。前提となる知識と問題解決の経験にもとづいた知恵さえ養うことができれば、社会の構造や他者の悪意に虐げられる機会が減るのです。

その**知恵こそが、社会の荒野で自分と自分の大切な人をまもる武器になる。**

知恵を養うためにいちばん大切なことは、**どんな理不尽にも「なんとかする方法がある」と信じて模索する心構えです。**

これは東大に行こうが行くまいが、出身階層や職業に関係なく、誰でも持つことができます。むしろ、地獄を見た人のほうが、知恵を身につけるのは早い。

悔しい思いをしたときに泣きっ面で世の中をただ呪うのではなく、自分なりのアプローチ方法を模索する癖をつけてください。

うまい感情の扱い方や、他者とのコミュニケーション、一歩外に出るとあたりまえのように受ける小さな差別への対処、心の内側に巣食っていた無自覚の偏見、自分のフィジカルとメンタルの変化に気づくための基礎知識……。

自分を苦しめているものの本質に目を向けて初めて、**自分の身に降りかかってきた難題と取っ組み合うための土俵に上がる**ことができます。

「なんとかする」方法は、ときに人やものごとへ果敢に立ち向かうことかもしれないし、ときに自分の心が壊れないよう耐え忍んでじっとやりすごすことかもしれません。

でも、どんな場面であっても決して思考停止はしないでください。

世間や他者に知恵を得る機会を奪われないでください。

悩みの根源を明確にしたうえで、その問題に通じている人に相談したり、図書館で借りた本などに落ちているヒントをかき集めたりして、前提の知識や思考の枠組みを得る。そして、自分の認識や周りの環境を変えてみて、**最初は手探りでも試行錯誤を積み重ねる。**

そんな「経験」を積むことで、私たちは初めて知恵を身につけることができるのです。

「どうして私はこうなんだろう……」
「どうして世の中ってこうなんだろう……」

世の理不尽に虐げられ、苦しむ人たちに必要なのは、泣き寝入りする布団ではなく、生きていくための知恵です。

私って
今の私だけじゃなくて
過去の私への意地と
未来の私への期待で
三点を支えに踏ん張れるんだね

補習

独断と偏見による、ダメ男《お》説明書&「イイ男」にしかできないこと

巻末コラム①ダメ男《お》説明書

●あなたの器が小さすぎて見えない！　ケチケチ男

【特徴】
・彼女のバイト代や給料を聞く
・けんかしたときにプレゼント代やデート代を返せと言ってくる
・俺は君のためにこんなにお金・時間を使ったという恩着せがましい態度をとる

ここからは巷にはびこるダメ男を解説していきます。少々口が悪くなってるけど、ご愛嬌ってことで！

さて、ツイッターや巷の記事で必ず盛り上がる(炎上する)奢り・奢られ問題。女が好きな男に奢られたい理由？　カッコつけてほしいからだよ。カッコつけてる素敵な君が見たいからだよ。

好きでもない男に奢られたい理由？　今月金欠だからだよ。

女友だちと話していて満場一致したのは、ダサい奢り方するなら割り勘のほうが100倍マシという真理です。

私の過去や周りの例でいうと、記念日に奢ってくれたのはいいものの、それからことあるごとに「記念日に行ったコース、あれひとり2万したんだよね。そのダメージで今月も金欠だわ〜」という〝俺コレやった〟アピール。

いちばんどん引いたのは、プロポーズの際に婚約指輪と一緒に領収書も入れて渡したドケチ男。プロポーズの言葉とともに「80万もしたんだよ（笑）」という笑えないアピールをしたらしいです。怖すぎ。

そういうこと言われるとシンプルにテンションだだ下がるし、素敵な思い出に泥を塗られて悲しいし、もう二度と、いっしょに何かを体験したい！　楽しみたい！と思えなくなるよね。

札束よりも気概を見せてね。

●熱血教師ヤ○クミですか？　究極のお節介男

【特徴】
・弱音や愚痴を吐くと、頼んでもいないのに叱咤激励される
・彼女が読んでいる本やチェックしている情報にやたらと口出ししてくる
・彼女の親や友人に謎に「○○は俺が支える」「俺が変えなきゃ」宣言をする

「俺がお前を支えるよ」「俺がお前を変えてみせる」

そんなボイラー並みに熱い言葉をかけてくる男には要注意。

一見すると親切で自分のことを真剣に考えてくれる「イイ彼氏」になりそうなんだけど、実は非常に危険なタイプです。

「心配だから」といい彼氏の皮をかぶって、どんな場所にもついてこようとしたり、夜遊びの激しい友だちに「○○を巻き込むな」と勝手に注意したり。

束縛や押しつけではなく、あくまで彼女への指導だと思ってやっているところが恐怖ポイント。

いや、彼女に生活指導するなよ。

この原因としては、パートナーが好きすぎる、恋愛感情と期待・憧れを履き違えている、パートナーのステータスで自分のコンプレックスを解消できると思い込んでいる、などが考えられます。

このようなヤ◯クミ男と付き合っていると、お互いどちらかが疲弊して糸がぷつっと切れてしまうか、相手がモラハラモンスターに進化して終焉を迎えます。

いずれにせよ、自分と他人の区別ができていないのが大問題。

こうありたい、こうあらねばならない、という期待や規範を自分に課すのは自由ですが、他人に押し付けるのはお門違いオブザイヤーなわけですね。

●令和に生きてる？　家庭を卒業できないマザコン男

【特徴】

・「俺の母（父）親は～」とそのときの話題に関係ないはずの親を引き合いに出す

・自分の育った環境や受けた教育を過度に誇って自慢してくる、もしくは過度に自虐して自分の親や家庭を蔑《さげす》む

人生の中での「第一の家庭」にあたる親との関係を卒業できていない人は、困ったことになります。

経済的にも物理的にも自立しているのに、精神的に親に縛られた人生を送ってしまう。たとえば、大事な局面で自己判断せず親の意見に流されてしまったり、親基点でものごとを考えてしまったり。

面白いことに、親との関係を卒業できていない人は親に依存しているパターンもあれば、親を憎んで反面教師にしているパターンもあります。

たとえば友人の元カレは、父親が大企業の役員だったせいで、大学に入ってからも就職してからもずっと父親の影に縛られていました。

ことあるごとに、「俺の親父は年収5000万だからな〜遺産運用して生活しようかな〜」「俺の親父は〇〇のプロジェクトを成功させて出世したんだ。会社では全員から怖がられてるらしくてさ〜(笑)」というジョークに見せかけた全力の自慢?を語り出す癖があり、あいつはいつも親父自慢するよな、と陰で友人たちにネタにされていました。

友人は、「こういう前近代的なアイデンティティのあり方から脱却できずに一生を終えるのかな……」と不安に思いながら、彼の自慢をいつも複雑な気持ちで聞いていたそうです。

自分の人生を生きられない人と、いっしょには生きられないですからね。

●disの宝箱ですか？　ラッパーですか？　隠れモラハラ男

【特徴】
・「お前」呼び　・舌打ちをする　・ものに当たる
・外面はいい　・「なんで〜できないの」と詰めてくる
・けんかの決め台詞が「常識的に」「普通に考えれば」

ここ数年でモラハラって言葉が定着してきて、言葉や態度によって相手を精神的に追い詰めるという「虐待」に、ようやく名前がついたなとホッとしています。モラハラ（モラルハラスメント）とは、相手をけなしたり、人格を否定したり、怒鳴ったり、無視したりして精神的な暴力を働くことです。自分がされた、もしくはした経験ある……って子、案外多いんじゃないかな。

私はモラハラっけのある人に惹かれるのか、相手をモラハラ化してしまう傾向があるのか知らないけど、やたらとモラハラ遭遇率が高かった。

付き合う前や付き合った直後は、紳士的でやさしくて頭の回転も速くてすごく素敵な人なんだけどね。だいたい付き合って半年、1年たつとお互いの面の皮がぽろぽろと剝がれてくる。


モラハラ遍歴自慢をすると、こんな感じ。

「そんなんじゃ社会に出てやっていけない」

「人間じゃない」

「お前の友だちおかしいやつばかり」

「お前と過ごすのは時間と金の無駄」

「子どもまで君みたいに育ったら絶望するわ」などなど。

最後のなんて、なんで私とあんたで子をもうける前提？(笑)

●自己愛高めてこ？　卑屈メンヘラ男

【特徴】
・けんかのときに「どうせ俺が〜だからいけないんだろ」とすねる
・彼女の友人や元カレと自分を比べて勝手に落ち込む

モラハラとはまた違った面倒くささがある、このタイプ。

私の言動にいちいち「どうせ俺なんて……」と自分を卑下してすねたり逆ギレしたりする。このタイプはだいたい別れぎわもしくは別れたあとに「俺、本当はうらやましかったんだ」「本当は不安だったんだ」と打ち明けてくる場合が多いです。その奥には、彼の心の中に根を張ったコンプレックスがあります。彼女の学歴、家柄、職業などの属性や彼女を取り巻く交友関係に嫉妬して、自分と比べて落ち込んで、こちらにあたってくるわけですね。

揉め方としては、特定の話題になると彼が一気に機嫌が悪くなり、それをこっちが察知してけんかに発展するパターンが多いです。
もし卑屈メンヘラの気を感じたら、まずはこちらの気遣いから会話を始めましょう。彼の好きなところを褒めちぎる、あなたはこんなに素敵な人間なんだよと重要感を与えてあげる、彼の存在を認めて愛する。そして彼を刺激するような話は避ける。

このタイプは、きちんとふたりがコミュニケーションをとれていて、こっちも「またすねてる、可愛いな」くらいの余裕を持てれば意外と関係維持できるタイプです。

ただし、モラハラやDVとミックスになる場合も多いので気をつけて。
あ、DV男は論外ですよ。

●さかった猿かな？　爪を切る頻度で浮気する性欲ドリブン男

【特徴】
・クラブやバー、居酒屋など出会いの場で遊ぶことが多い
・街でよく女の人を目で追いかけている
・彼や彼の周りの友人は合コンやナンパが好き
・LINEで友人の登録名を「名前＋年齢や就職先などの特徴」で登録している
（例「さやか　商社受付（24）」）


これはほぼ依存症、病気みたいなものですね。

自分の欲望にコントロールが利かない人々っているじゃないですか。

彼女とは仲良しで何の問題もないラブラブカップルなのに、悪友に誘われて行ってしまった飲み会で……とか、出張先で解放感を感じてついつい……とか。

このタイプの男性は、別に浮気をして傷つけてやろうとか、彼女より素敵な子がいたらそっちに乗り換えてやろうとか、そんなことは考えてないんですよ。ただ普段と違う道を歩いていたら、目の前においしそうなフルーツが実っていて、誰も見てないし喉も渇いた気がするし、いいや食べちゃえ！みたいなノリで浮気を繰り返すんですね。

こんなお猿さんの中にも優秀なお猿さんはいて、パートナーに絶対にバレないように浮気を繰り返すパターンもあります。

商社勤めの先輩の話ですが、CAの彼女と4年付き合っていて、彼女がフライトで日本にいないときは毎週末のように女の子を家に連れ込んでいました。4年で100人以上と浮気したんじゃないかな……。結局バレずに結婚まで至りましたけど、今後どうなるかはお楽しみですね。

男女ともに浮気をするなら墓まで隠し通す覚悟と技術が必要です。

そいつがさらに、「なか・だし男《お》」だった場合は、シンプルに○刑。

巻末コラム② 「イイ男」にしかできないこと

私がこれまで出会って、イイ男だなと思った人たちしかできないことをまとめてみました。好みかはさておき、これができる男は国宝級にイイ男!

フルーツタルトが食べたいねって買ったのに
店員が間違えたのかチーズケーキが入ってたときに
「意外とおいしいよ」と
気分を切り替えてアーンしてくれる

大切な人に「相談したいことがある」と言われたときに
睡眠時間もトイレの時間も惜しんでタクシーぶっ飛ばして駆けつけ
腰を据えて目を見ながら「どうしたの?」ができる

LINEでも対面でも
女を口説くときに決して(笑)をつけない

逃げ道としての茶化しを自分に許さず
目の中に熱い覚悟をたたえながら
捨て身で想いを届けようとする

誰も聞いてないのに
会食や飲み会の概要を
ふわっと教えてくれて

誰も頼んでないのに店内の写真を送ってくれて
おまけに二次会への移動時間と帰り道に
一本の電話をくれる

ふたりとも疲れてる中
ささいなきっかけで空気がピリついたら
大げんかに発展する前に
「今ちょっとふたりとも不機嫌だからまたこんど話そう」と
冷静になってボヤを消火する

生理が重い日には
痛み止めと温かい飲みものの持参でお見舞いに来て
「大丈夫？　してほしいことあったら言って」
の言葉とともに腰をさすってくれて
布団が血で汚れていたら気づかないうちに洗ってくれる
（さすがに洗ってもらうのは申し訳ないけどマジ深謝……）

夫婦を含めてみんなでワイワイ飲んでるとき
女優の話題になって「誰が好き?」って聞かれたら
「○○(妻)のこと毎日見てるから
なんか誰見てもピンとこないんだよね」って
サラッと言っちゃう

元カノのことをほめないし
逆にけなしもしないし
尋問してもカツ丼食べさせても
「けっこう前のことだから忘れた」の一点張りで
黙秘権行使しまくる

自分の許し方と救い方を心得ているため

自分のことを大切にできないような不毛な恋と

心や体をすり減らすような環境からは

真っ先に足を洗える

たとえ合コンの場でも男女としてだけでなく

ひとりの人間として誠実な関心を寄せて

安易な下ネタよりも相手の人生や人格など

素敵なことについて話を振れる

いろんなものを失った人生どん底の時期にも
仕事が大ピンチのときにも
必ず手を差し伸べてくれる旧友や仲間を持っている

壁にぶち当たったとき
「あいつは〜だから」「俺はどうせ〜だから」と
妬みや僻みの感情で自分を誤魔化しかけても
3秒後には「じゃあ自分はどう闘おうか」の
思考が開始してる

おわりに

ものを書くということは、冷えた鍋のリメイクに似ていると思いました。

ふつふつと煮立てる間に、冷蔵庫の中の材料と冷や飯を放り込んで、調味料は入れても塩くらい。休日の10時半にぼーっとしながらゆっくりかき混ぜる。

こんなふうに自分の奥底にひんやり眠って固まりかけている無数の経験や主張を引きずり出して温めるのは、なかなかに恥ずかしい作業です。起きて15分の体にはやさしい味だけれど、人に食べてもらうには心もとなさすぎる味と見た目。

なんとかみなさんに手渡すために、私はこの本を書くにあたって、自分の過去と知見をひとつひとつていねいに、ほじくり返す作業をしました。


そうした鍋のリメイク作業を通じて、痛切に感じたことがあります。

今の自分をここに立たせ、駆り立てているのは「今の私」だけではないのだ、と。

今の自分は、過去の「私」からのまなざしを背中に感じながら、未来の「私」への責任を両手に抱えているのです。ときにそれは、エールにもプレッシャーにも形を変えてきたけれど、孤独に耐えられない夜には私の両隣で手をつないでくれる相棒のような存在でもあります。

私たちは全員、社会において、孤独な個体としてどうサバイブするのかを常に問われています。難解をきわめる人生がしんどくて思考停止してしまったときは、過去のもろもろを乗り越え、耐え忍んできた「私」のことを思い出してあげてください。余生のもろもろを任される「私」のことを思いやってください。

最後に。書籍化にあたって鬼のような追い込みに泣いている私を鼓舞し、伴走してくださった増田さま、ほんとうにありがとうございました……！　鋭い指摘をくださった編集の加藤さま、胸ぎゅんっなカバーを手がけてくださったごめんさま、女友だちと呼ぶには生ぬるい戦友たち、愉快な男友だち、応援してくれたマルコメくん、ありがとうございました。愛とジェラシーを込めて。

ジェラシーくるみ

[STAFF]
デザイン　田辺有美（GURIPESS）
カバーイラスト　ごめん
ＤＴＰ　松田修尚（主婦の友社）
編集担当　増田千紘（主婦の友社）
デスク　加藤文隆（主婦の友社）

恋愛《れんあい》の方程式《ほうていしき》って東大入試《とうだいにゅうし》よりムズい

2021年7月31日　第1刷発行
2021年9月30日　第2刷発行

著　者　ジェラシーくるみ
発行者　平野健一
発行所　株式会社主婦の友社
〒141-0021
東京都品川区上大崎3-1-1 目黒セントラルスクエア
電話　03-5280-7537（編集）／03-5280-7551（販売）
印刷所　大日本印刷株式会社

©Jealousy Kurumi 2021　Printed in Japan ISBN978-4-07-448835-3

■ 本書の内容に関するお問い合わせ、また、印刷・製本など製造上の不良がございましたら、主婦の友社（電話 03-5280-7537）にご連絡ください。
■ 主婦の友社が発行する書籍・ムックのご注文は、お近くの書店か主婦の友社コールセンター（電話 0120-916-892）まで。
＊ お問い合わせ受付時間　月～金（祝日を除く）　9：30 ～ 17：30
＊ 主婦の友社ホームページ　https://shufunotomo.co.jp/

Ⓡ〈日本複製権センター委託出版物〉
本書を無断で複写複製（電子化を含む）することは、著作権法上の例外を除き、禁じられています。本書をコピーされる場合は、事前に公益社団法人日本複製権センター（JRRC）の許諾を受けてください。また本書を代行事業者等の第三者に依頼してスキャンやデジタル化することは、たとえ個人や家庭内での利用であっても一切認められておりません。
JRRC〈https://jrrc.or.jp　e メール：jrrc_info@jrrc.or.jp　電話：03-6809-1281〉